Q&A 印紙税の実務

令和6年7月改訂

杉村 勝之 編

公益財団法人 納税協会連合会

ま え が き

　印紙税は、日常の経済取引に伴って作成される不動産売買契約書や領収書など、印紙税法に定める特定の文書（課税文書）に課税される税金です。

　納付については、原則として、課税文書の作成者自らがその文書に納付すべき印紙税額に相当する金額の収入印紙を貼り付け、消印することによって納税が完結する仕組みになっています。

　このため、日常の経済取引において作成される個々の文書について、「課税文書に該当するかどうか」、「納付すべき印紙税額はいくらであるか」を作成者自らが判断しなければなりません。

　その判断に当たっては、単に文書の名称や記載文言によるのではなく、記載文言等の実質的な意義に基づいて総合判断するのですが、近年における社会経済構造の変化に伴いまして、経済取引が複雑化・多様化しており、作成される文書の内容も複雑多岐なものとなっております。

　そこで、本書は、印紙税の取扱いについて、事業者や経理担当者などの印紙税の実務に携わる方々にご利用いただけるよう、事例に基づき一問一答形式でできる限り分かりやすく解説しております。

　本書が、印紙税の正しい理解と適正な納税のため、皆様方のお役に立てれば幸いです。

　なお、本書は、大阪国税局課税第二部消費税課に勤務する者が休日等を利用して執筆したものであり、本文中意見にわたる部分につきましては、執筆者の個人的見解であることをお断りしておきます。

令和6年6月

　　　　　　　　　　　　　　　　　　　　　　　編　　者

Q&A　印紙税の実務　　目　次

第1章　印紙税の基礎知識

第1節　総　則
1－1　印紙税とはどんな税金か …………………………………… 2

第2節　課税文書
1－2　課税文書の意義 ………………………………………………… 3

1－3　課税文書に該当するかどうかの判断 ……………………… 4

1－4　印紙税が課税されない文書 ………………………………… 7

1－5　他の文書を引用している文書の取扱い …………………… 9

1－6　1通又は1冊の文書とは …………………………………… 11

第3節　契約書とは
1－7　印紙税法上の契約書の意義 ………………………………… 13

1－8　予約契約書 …………………………………………………… 15

1－9　契約の更改 …………………………………………………… 17

1－10　原契約の内容の変更 ………………………………………… 18

1－11　原契約の内容の補充 ………………………………………… 20

1－12　契約書の写し（コピー） …………………………………… 21

1－13　仮契約書（協定書） ………………………………………… 22

1－14　基本契約に基づく注文書 …………………………………… 24

1－15　契約当事者以外の者に提出する文書の取扱い …………… 26

第4節　文書の所属の決定
1－16　文書の所属の決定 …………………………………………… 28

第5節　文書の記載金額
1－17　契約金額 ……………………………………………………… 33

1－18　契約金額の算出 ……………………………………………… 36

1－19　当事者間で契約金額が明らかな場合 ……………………… 38

1－20　予定金額、最高金額、最低金額等の記載がある文書の取扱い ··· 40

1－21　変更契約書の記載金額 ·· 42

1－22　交換契約書の記載金額 ·· 44

1－23　消費税と記載金額 ·· 46

1－24　消費税額等と手形金額 ·· 48

1－25　消費税及び地方消費税の区分記載後に一括値引きした場合の記
　　　載金額 ·· 50

第6節　作成の意義

1－26　課税文書の作成の時期 ·· 52

第7節　納税義務者

1－27　納税義務者 ·· 54

1－28　課税事項が2以上記載されている場合の作成者 ·················· 56

1－29　国等と共同して作成する文書 ···································· 58

第8節　納税地

1－30　納税地 ·· 60

1－31　課税文書の作成場所 ·· 63

1－32　印紙の範囲 ·· 65

第9節　納付及び申告

1－33　印紙税の納め方 ·· 66

1－34　誤って納付した場合の印紙税の還付 ······························ 69

1－35　過怠税 ·· 71

第2章　主な課税文書の取扱い

2－1　第1号の1文書（不動産、鉱業権、無体財産権、船舶若しくは
　　　航空機又は営業の譲渡に関する契約書） ························· 74

2－2　第1号の2文書（地上権又は土地の賃借権の設定又は譲渡に関
　　　する契約書） ··· 76

2－3　第1号の3文書（消費貸借に関する契約書）……………………… 78

2－4　第1号の4文書（運送に関する契約書）……………………………… 80

2－5　第2号文書（請負に関する契約書）………………………………… 82

2－6　第3号文書（約束手形又は為替手形）……………………………… 85

2－7　第4号文書（株券、出資証券若しくは社債券又は投資信託、貸
付信託、特定目的信託若しくは受益証券発行信託の受益証券）……… 86

2－8　第5号文書（合併契約書又は吸収分割契約書若しくは新設分割
計画書）………………………………………………………………… 89

2－9　第6号文書（定款）…………………………………………………… 90

2－10　第7号文書（継続的取引の基本となる契約書）………………… 91

2－11　第8号文書（預貯金証書）………………………………………… 94

2－12　第9号文書（倉荷証券、船荷証券、複合運送証券）…………… 96

2－13　第10号文書（保険証券）…………………………………………… 97

2－14　第11号文書（信用状）……………………………………………… 98

2－15　第12号文書（信託行為に関する契約書）………………………… 99

2－16　第13号文書（債務の保証に関する契約書）……………………… 100

2－17　第14号文書（金銭又は有価証券の寄託に関する契約書）……… 102

2－18　第15号文書（債権譲渡又は債務引受けに関する契約書）……… 104

2－19　第16号文書（配当金領収証、配当金振込通知書）……………… 106

2－20　第17号文書（金銭又は有価証券の受取書）……………………… 107

2－21　売上代金に係る金銭等の受取書 …………………………………… 109

2－22　売上代金以外の金銭等の受取書 …………………………………… 111

2－23　営業に関しない受取書 ……………………………………………… 113

2－24　第17号文書の記載金額 ……………………………………………… 115

2－25　第18号文書（預貯金通帳、信託行為に関する通帳、銀行若しく
は無尽会社の作成する掛金通帳、生命保険会社の作成する保険料通
帳又は生命共済の掛金通帳）………………………………………… 117

2－26　第19号文書（金銭の受取通帳等で第1号、第2号、第14号又は

第17号に掲げる文書により証されるべき事項を付け込んで証明する
目的をもって作成する通帳（第18号に掲げる通帳を除く。）） ········ 119

2－27 第20号文書（判取帳） ·· 122

第3章　印紙税の課否判定事例

3－1 無体財産権の範囲 ··· 126

3－2 開発業務委託契約書（著作権移転型） ··················· 128

3－3 ソフトウェア使用許諾契約書 ······························· 130

3－4 キャラクター使用許諾契約書 ······························· 132

3－5 譲渡担保設定契約書 ··· 134

3－6 プログラム著作権譲渡契約書 ······························· 136

3－7 雇用著作契約書 ··· 138

3－8 不動産購入申込書 ··· 140

3－9 売渡証書 ·· 142

3－10 土地賃貸借契約書 ··· 144

3－11 駐車場使用契約書 ··· 146

3－12 借地権譲渡契約書 ··· 148

3－13 住宅資金借用証書 ··· 150

3－14 債務承認弁済契約書 ·· 152

3－15 建設協力金、保証金の取扱い ······························ 154

3－16 借受金受領書 ··· 156

3－17 借用証書（外国通貨により契約金額が表示されているもの） ··· 158

3－18 極度貸付契約証書 ··· 160

3－19 覚書（借入金の利率を変更するもの） ··················· 162

3－20 会社と社員の間で作成される借入申込書等 ············· 164

3－21 貨物受取書 ·· 166

3－22 車両賃貸借契約書 ··· 168

3－23　取付工事を伴う機械の売買契約書 ……………………… 170

3－24　修理承り票 ……………………………………………… 172

3－25　エレベータの保守契約書 ……………………………… 174

3－26　保守申込書 ……………………………………………… 176

3－27　冠婚葬祭互助会加入申込書 …………………………… 178

3－28　協賛契約書 ……………………………………………… 180

3－29　バナー広告掲載契約書 ………………………………… 182

3－30　太陽光設備売買・請負工事契約書 …………………… 184

3－31　プログラム等開発業務委託契約書 …………………… 186

3－32　ホームページ開発委託契約書 ………………………… 188

3－33　システムプログラム・データ保守契約書 …………… 190

3－34　システム企画支援契約書 ……………………………… 192

3－35　システム移行・運用準備支援契約書 ………………… 194

3－36　コンピュータシステムコンサルタント業務契約書 ……… 196

3－37　サポート業務委託契約書 ……………………………… 198

3－38　在宅業務委託契約書 …………………………………… 200

3－39　機密保持に関する確認書 ……………………………… 202

3－40　技術者派遣基本契約書 ………………………………… 204

3－41　共同開発契約書 ………………………………………… 206

3－42　共同施工による工事請負契約書 ……………………… 208

3－43　注文番号を記載した注文請書 ………………………… 210

3－44　見積書とワンライティングで作成する注文書 ……… 211

3－45　見積書番号を記載した注文書 ………………………… 212

3－46　電磁的記録に変換して電子メールで送信した注文請書 ……… 214

3－47　工場下請契約内容変更合意書（原契約が電子契約書）……… 216

3－48　覚書（自社商品の販売促進業務を行うもの）………… 218

3－49　変更契約書（消費税法の改正に伴い、消費税及び地方消費税の
　　　 金額のみを変更するもの）…………………………… 220

3－50	森林経営委託契約書	222
3－51	「金融機関借入用」と表示した約束手形	224
3－52	ゴルフクラブ会員証	226
3－53	出資証券	227
3－54	協同組合の定款	229
3－55	商品売買基本契約書	230
3－56	取引基本契約書	232
3－57	覚書（取扱数量を定めるもの①）	234
3－58	覚書（取扱数量を定めるもの②）	236
3－59	売買基本契約書	238
3－60	問屋契約書	240
3－61	見積単価決定通知書	242
3－62	支払方法等通知書	244
3－63	ソフトウェア保守契約書	246
3－64	ソフトウェア製品販売代理店契約書	248
3－65	基本契約書	250
3－66	納入仕様書	252
3－67	電力受給契約書	254
3－68	販売促進代行契約書	257
3－69	サイバーモール出店契約書	259
3－70	免税販売手続業務委託契約書	261
3－71	覚書（請負契約の契約内容を変更するもの）	263
3－72	覚書（委託料の支払方法を変更しているもの）	265
3－73	定期預金証書	268
3－74	定期積金証書	270
3－75	出荷指図書	271
3－76	契約内容通知書	272
3－77	商業信用状条件変更通知書	274

3−78	財産形成信託取引証	275
3−79	借用証書に併記した債務保証契約	277
3−80	連帯保証に関する情報提供確認書	279
3−81	連帯保証に関する同意書	281
3−82	配当金領収証	282
3−83	配当金計算書	284
3−84	勤務先預金の受入票	285
3−85	売掛債権譲渡契約書	287
3−86	債権譲渡承諾書	289
3−87	債務引受契約証書	291
3−88	営業に関しない受取書	293
3−89	預り証（有料老人ホームが入居一時金を受領した際に交付するもの）	296
3−90	売上代金かどうかが明らかでない領収書	298
3−91	収納事務の委託を受けて作成した受取書	301
3−92	茶道の先生の謝礼領収書	303
3−93	仮領収証	305
3−94	受領した前受金額を記載している領収証	307
3−95	仕切書	309
3−96	相殺による領収書	311
3−97	敷金の預り証	313
3−98	デビットカード取引（即時決済型）の際の口座引落確認書と領収書	314
3−99	請求書に受領印を押して領収書とした場合	316
3−100	お支払完了の御礼	318
3−101	電子記録債権の受領に関する受取書	320
3−102	領収書（コード決済に係るもの）	322
3−103	社内預金通帳	324

3－104　売掛代金集金帳 ……………………………………………… 326

3－105　判取帳 …………………………………………………………… 328

【表1】　印紙税額一覧表 …………………………………………………… 331

　【参考】　不動産の譲渡、建設工事の請負に関する契約書に係る税率の

　　　　　特例 ………………………………………………………………… 338

【表2】　基通別表第二　重要な事項の一覧表 ………………………… 341

── 〈凡　例〉 ──

　本書において使用した次の略語は、それぞれ次に掲げる法令等を示すものである。

法………………………印紙税法（昭和42年法律第23号）

通則……………………印紙税法別表第一課税物件表〈課税物件表の適用に関する通則〉

令………………………印紙税法施行令（昭和42年政令第108号）

規………………………印紙税法施行規則（昭和42年大蔵省令第19号）

措法……………………租税特別措置法（昭和32年法律第26号）

措令……………………租税特別措置法施行令（昭和32年政令第43号）

措規……………………租税特別措置法施行規則（昭和32年大蔵省令第15号）

基通……………………印紙税法基本通達（昭52間消1－36）

通則法…………………国税通則法（昭和37年法律第66号）

〔引用例〕

法4①一………………印紙税法第4条第1項第1号

基通第1号の1文書1……印紙税法基本通達別表第一中〈第1号の1文書〉第1

＊本書は、令和6年4月1日現在の法令通達によっています。（編者）

第1章

印紙税の基礎知識

第1節　総則

1-1　印紙税とはどんな税金か

　印紙税とは、どのようなものですか。

　　印紙税は、日常の経済取引に伴って作成される契約書や領収書などに課税される税金で、法別表第一の課税物件表（巻末の【表1】参照）に掲げられている20種類の文書が課税対象、つまり「課税文書」となります。

　印紙税の納税義務は、課税文書を作成したときに成立し、その作成者が納税義務者となります。また、その納付制度は、課税文書の作成行為を捉えて、原則として納税義務者が作成した課税文書に納付すべき印紙税に相当する金額の収入印紙を貼り付けることによって納税が完結する、客観的で簡素な仕組みとなっています。

　印紙税の税率は、定額税率を基本としつつ、より担税力があると認められる特定の文書については階級定額税率を適用するとともに、特定の文書には免税点が設けられ、一定の記載金額未満の文書には印紙税を課税しない仕組みとなっています。

第2節　課税文書

　課税文書の意義

> Q　課税文書とは、どのようなものですか。

　課税文書とは、法別表第一の課税物件表（巻末の【表1】参照）に掲げられている20種類の文書により証されるべき事項（以下「課税事項」といいます。）を証明する目的で作成されたもののうち、「非課税文書」（1－4「印紙税が課税されない文書」参照）に該当しない文書をいいます。

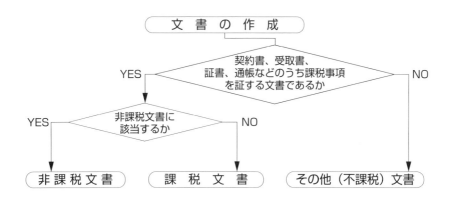

1-3 課税文書に該当するかどうかの判断

Q 作成した文書が課税文書に該当するかどうかは、どのように判断すればよいのでしょうか。
例えば、次のような事例1「建設機械売買契約書」や事例2「請求書」も課税文書に該当するのでしょうか。

(事例1)

建設機械売買契約書

甲株式会社（以下「甲」という。）と乙株式会社（以下「乙」という。）とは、建設機械の売買に関して、次のとおり契約する。

第1条　甲は、建設機械　CQ-1型を乙に売り渡す。
第2条　乙は、本建設機械の売買代金として、金20,000,000円を甲に支払う。
第3条　甲は、本建設機械の納入後、1年間、乙から本建設機械の保守点検を金500,000円で請け負う。

　　年　月　日

　　　　　　　　　　　　　　　売主　甲　株式会社　㊞

　　　　　　　　　　　　　　　買主　乙　株式会社　㊞

(事例2)

A その文書が課税文書に該当するかどうかは、文書の全体を一つとして判断するのみではなく、その文書に記載されている個々の内容について判断することになります。

単に文書の名称、呼称や形式的な記載文言によるのでなく、その記載文言の実質的な意義に基づいて判断します。

なお、記載文言の実質的な意義の判断は、その文書に記載又は表示されている文言や符号などを基として、その文言や符号などを用いることについての関係法律の規定、当事者間における了解、基本契約又は慣習等を加味して総合的に行うこととなります。

ところで、ご質問の事例1「建設機械売買契約書」をみると、建設機械の売買を約する事項は、課税事項に該当しませんが、第3条に「本建設機械の保守点検を金500,000円で請け負う」と記載されている事項は、請負に関する契約書の課税事項となりますので、課税文書となります。

したがって、この契約書は、「請負に関する契約書」(第2号文書)記載金額

500,000円、印紙税額200円に該当することになります。

　また、事例2「請求書」をみると、単に代金を請求する事項については、課税事項に該当しません。しかし、この請求書には「㋐」と表示してあり、その表示が売買代金を領収したことの当事者間の了解事項に基づくものであれば、課税文書である「売上代金に係る金銭又は有価証券の受取書」（第17号の1文書）記載金額60,000円、印紙税額200円に該当することになります。

第1章　印紙税の基礎知識

1-4　印紙税が課税されない文書

 印紙税が課税されない文書とは、どのようなものですか。

　　印紙税は、法別表第一の課税物件表（巻末の【表1】参照）に掲げられている20種類の文書についてのみ課税されます。
　したがって、文書を作成した人にとってどんなに重要な文書であっても、その文書が「課税物件表」に掲げる文書に該当しない限り、印紙税が課税されることはなく、これを「不課税文書」といいます。
　また、次のような文書も課税文書に該当しないものとされています。
1　契約の当事者以外の者に提出（交付）する文書
　　不動産売買契約における融資銀行や監督官庁など、その契約に直接関与しない者（仲介人や消費貸借契約における保証人など、その契約に参加する者は除かれます。）に提出又は交付する文書で、その文書に提出（交付）先が記載されているもの、あるいはその文書の記載文言から、その契約当事者以外の者に提出（交付）することが明らかなものは、課税文書になりません。
2　同一法人内で作成する文書
　　同一法人等の本店、支店、出張所などの間で、その法人等の事務整理上、必要な書類として作成する文書は、課税文書になりません。しかし、その文書が第3号文書（約束手形等）又は第9号文書（倉荷証券等）である場合は、課税文書になります。

　更に、「課税物件表」に掲げる文書であっても、次のような文書については、印紙税を課税しないこととし、これを「非課税文書」といいます。

① 「課税物件表」の「非課税物件」欄に掲げられている文書

〈例〉 受取金額が5万円未満の金銭の受取書

② 国や地方公共団体が作成した文書

③ 沖縄振興開発金融公庫など、法別表第二「非課税法人の表」に掲げられている法人が作成した文書

④ 日本銀行等が作成する国庫金の取扱いに関する文書など、法別表第三「非課税文書の表」の上欄に掲げる文書で、同表の下欄に掲げる者が作成した文書

⑤ 他の法律で非課税とされている文書

〈例〉 健康保険に関する書類（健康保険法195）、労働者災害補償保険に関する書類（労働者災害補償保険法44）など

　これらの文書が非課税とされているのは、①記載金額が少額な文書であること、②印紙税本来の趣旨からみて、文書の性質上課税対象にすることが適当でないと認められること、③特定の政策目的の上から非課税とすることが適当と認められること、などの理由によるものです。

第1章 印紙税の基礎知識

1-5 他の文書を引用している文書の取扱い

Q 当社（甲）は、「×××1年4月1日付貴社注文書のとおりお請けいたします。」と記載した「注文請書」を作成し、取引先（乙）に交付しました。

　このような他の文書を引用した「注文請書」は、印紙税法上、どのように取り扱われますか。

<table>
<tr><td> 注文書
甲　株式会社　御中

　下記のとおり注文いたします。
 記 本社ビル塗装工事
 2,000,000円

×××1年4月1日

 乙　株式会社　㊞ </td><td> 注文請書
乙　株式会社　御中

　×××1年4月1日付
貴社注文書のとおりお請けいたします。

×××1年4月4日

 甲　株式会社　㊞ </td></tr>
</table>

印紙税法では、文書にその文書以外の文書の内容を引用する旨の記載があるものは、引用された文書の内容が記載されているものとして、判断されています。

　ただし、記載金額及び契約期間については、原則として、その文書に記載された記載金額及び契約期間のみに基づいて判断することとなります。しかし、第1号文書（不動産の譲渡に関する契約書等）又は第2号文書（請負に関する契約書）については、その文書に契約金額の記載がない場合であっても、注文書等の文書（課税文書を除きます。）の名称、発行の日、記号、番号などの記載があることにより、当事者間においてその契約についての契約金額が明らかである場合又は計算できる場合には、その契約金額が記載金額とされています。

　ところで、ご質問の注文請書については、引用している××1年4月1日付の注文書が請負（塗装工事）を内容としていることから、第2号文書（請負に関する契約書）に該当します。

　この場合、注文請書には契約金額の記載がありませんが、引用している注文書（不課税文書）から契約金額が明らかですから、契約金額（塗装工事費200万円）が記載金額となります。

　したがって、ご質問の文書は、記載金額200万円の第2号文書に該当することとなります。

　なお、第17号の1文書（売上代金に係る金銭又は有価証券の受取書）の場合は、受取金額が直接その文書に記載されていなくても、有価証券、請求書等の金額の記載のある文書を引用する等して受取金額を明らかにすることができるときは、その明らかにできる金額により階級定額税率が適用されることになっています。

第1章 印紙税の基礎知識

1-6　1通又は1冊の文書とは

> Q 「1通又は1冊の文書」とはどのようなものですか。
> また、1枚の用紙に消費貸借の契約について記載したもので、余白部分に借入金の受取事実を記載している場合はどうなりますか。

A　印紙税は、課税文書1通又は1冊について、一定の税額を納めることになっています。

ところが、文書の形態は種々様々で、その内容も複雑になってくると、その文書が1通の文書かどうか、判断に迷う場合があります。

契約書と覚書を一体としてとじ合わせたものなどがその例です。

このような文書は、「その文書の形態からみて1つの文書と認められるもの」か否かによって1通の文書かどうかを判定することになります。

したがって、文書に記載証明されている形式や紙の枚数には関係なく、その文書の形態が1つの文書、例えば、1枚の用紙に消費貸借契約の成立の事実を記載証明した上で、余白部分に借入金の受取事実を記載したものや、請負契約書と付属覚書を同時に作成し、それらをとじ合わせ、契印で結合したものは、1通の文書となります。

しかし、このような文書であっても、例えば、次のようなものは、1通の文書とはいえませんから、それぞれの文書を課税文書として印紙税を納めることになります。

1　1枚又は一綴りの文書であっても、その文書を作成した後、切り離して使ったり、保存することを予定していることが明らかなもの

〈例〉　金銭の貸付けに関する部分と約束手形の部分が1枚の用紙に記載されているもので、約束手形部分が後日切り離して使用される予定のもの

2 1枚又は一綴りの文書であっても、各別に記載証明された部分の作成日時が異なるもの（後日作成した部分は、新たに課税文書を作成したものとみなされます。）

〈例〉 金銭消費貸借契約書を作成した後、作成日時を異にして、借入金の返済期日や利率等を新たに追記又は変更したもの

3 別々の契約書と覚書等をとじ合わせたものであっても、①それぞれの契約日付が異なっているもの、②契約書及び覚書等に署名又は押印した契約名義人がそれぞれ異なるもの、③将来切り離して行使したり保存することを予定しているもの

第1章 印紙税の基礎知識

第3節　契約書とは

1-7　印紙税法上の契約書の意義

Q　当ホテルでは、お客様から宿泊の申込みを受けた場合に、次のような「御宿泊申込請書」を申込者に交付することとしています。この申込請書は、印紙税法上、どのように取り扱われますか。

No _____

御 宿 泊 申 込 請 書

御宿泊のお申込みについて次のとおりお請けいたしました。

御宿泊年月日	年　月　日～　　　泊	御到着　　時頃
御　芳　名		様
御　人　数	大人6名（男3名　女3名）　小人　名	
御宿泊料金 （　　　）	1泊　2食　　大人　15,000円×6名	
	泊　　食　　小人　　　　円×　名	
備　　　考		

年　月　日

〇〇〇〇　ホテル　㊞

13

契約とは、互いに対立する2以上の意思表示の合致、すなわち一方の申込みと他方の承諾によって成立する法律行為であり、契約書とは、その2以上の意思表示が合致した事実を証明する目的で作成される文書をいうことになります。

印紙税法では、一般的に考えられているような2以上の契約当事者が共に署名押印するいわゆる契約書形態の文書だけでなく、請書、念書等のように契約当事者の一方が署名押印して相手に交付するような文書であっても、その文書によって契約の成立が証明されるものは、印紙税法上の「契約書」に該当します。

ところで、ご質問の「御宿泊申込請書」は、お客様からの宿泊の申込みに対する承諾事実を証明する目的で作成される文書であり、対価（宿泊料金）を得て宿泊させる契約を内容としていますので、第2号文書（請負に関する契約書）に該当し、記載金額は9万円（宿泊料金×宿泊人数）となり、印紙税額は200円となります。

なお、課税文書に該当するかどうかは、文書に記載されている文言の実質的な意義に基づいて判断しますから、単に宿泊についての注意事項を記載した案内状のようなものは、例え宿泊日が記載されていても課税文書に該当しないことになります。

1−8 予約契約書

 当社（甲）は、所有している土地の売却に当たって、本契約締結前に次のような「土地売買予約契約書」を作成することとしています。
この契約書は、印紙税法上、どのように取り扱われますか。

　　　　　　土地売買予約契約書
　下記土地所有者甲株式会社（以下「甲」という。）と乙株式会社（以下「乙」という。）は、以下のとおり土地売買予約契約を締結する。
第1条　甲は下記土地を乙に売り渡し、乙はこれを買い受けるものとする。
第2条　この土地の売買代金は、1億円也とする。
　　　　　（　中　　　略　）
　　　　　　　　記
（売買土地の表示）
　　　　　市　　町　　丁目　　番　号
　　宅　地　1,000平方メートル
　　　　　年　月　日
　　　　　　　　甲　株式会社　㊞
　　　　　　　　乙　株式会社　㊞

A　予約とは、将来、本契約を成立させることを約する契約をいい、その契約を証するための文書、つまり「予約契約書」は、印紙税法上、本契約書と全く同一に取り扱われます。

予約契約書は、協定書、念書、覚書、承諾書等様々な名称を用いて作成されることがあり、その成立させようとする契約の内容によって課税文書の所属が決定されるほか、予約としての契約金額の記載がある場合には、その金額が印紙税法上の記載金額に該当します。

ところで、ご質問の「土地売買予約契約書」は、将来、本契約を成立させ、当該土地を売却することを約するものですから、第1号の1文書（不動産の譲渡に関する契約書）に該当し、記載金額は1億円となり、印紙税額は6万円となります。

なお、作成年月日が平成9年4月1日から平成26年3月31日の場合、印紙税額4万5千円、平成26年4月1日から令和9年3月31日の場合、印紙税額3万円となり、軽減税率の対象となります。

1-9 契約の更改

Q 契約を更改する契約書は、印紙税法上の契約書に含まれるとのことですが、この更改について教えてください。

A 「更改」とは、既存の債務を消滅させて新たな債務を成立させることをいい（基通16）、更改には次のようなものがあります。

1　債権者の交代による更改

　甲の乙に対する債権を消滅させて、丙の乙に対する債権を新たに成立させる場合。

2　債務者の交代による更改

　甲の乙に対する債務を消滅させて、丙の乙に対する債務を新たに成立させる場合。

3　目的の変更による更改

　金銭の支払債務を消滅させて、土地を給付する債務を新たに成立させるような場合。

　また、更改契約書は印紙税法上の契約書に該当しますが、課税物件表の所属の決定は、新たに成立する債務の内容に従って決定することとされています。

　ところで、債権者や債務者を交代させるには、債権譲渡又は債務引受け契約（第15号文書）によっても同様の効果が得られますが、債権譲渡又は債務引受けの場合には、その債権又は債務の同一性が維持されるのに対し、更改の場合には、債権や債務の同一性が維持されず、別のものとなりますから、この点が大きく異なります。

1－10　原契約の内容の変更

Q　当社（甲）は、既に締結した請負契約の代金の支払日を変更するために覚書を作成し、委託者に交付しました。
　この覚書は、新たな請負契約の成立を証明するものではないことから、課税文書に該当しないものと取り扱ってよいのでしょうか。

覚　書

　×××1年1月8日付の請負契約に基づく代金の支払日について下記のとおり変更することを約定します。

記

　×××1年3月31日を×××1年4月28日に変更する。

×××1年2月5日
（受託者）
　　　　　　　　　　　　　　　甲　株式会社　㊞

第1章 印紙税の基礎知識

A 印紙税の課税対象となる契約書には、原契約の内容を変更する契約書（以下「変更契約書」といいます。）も含まれます（通則５）。

　この「原契約の内容を変更する」とは、既にある契約（原契約）の同一性を失わせないでその内容を変更することをいいます。この変更契約書は、原契約の内容を変更するものをいいますから、原契約についての契約書が作成されている場合はもとより、原契約についての契約書が作成されていない場合も含まれます。

　また、契約の内容の変更が全ての課税の対象となるものではなく、基通別表第二「重要な事項の一覧表」（巻末の【表２】参照）に掲げられている事項（これらに密接に関連する事項を含む。）を変更するもののみが課税対象となります。

　なお、変更契約書の所属の決定は、次のとおりとなります（基通17②）。

１　原契約が課税物件表の一の号のみの課税事項を含む場合において、当該課税事項の内容のうち重要な事項を変更する契約書　⇒　原契約と同一の号

２　原契約が課税物件表の２以上の号の課税事項を含む場合において、当該課税事項の内容のうち重要な事項を変更する契約書

　⑴　いずれか一方の号のみの重要な事項を変更する契約書　⇒　当該一方の号

　⑵　２以上の号の重要な事項を変更する契約書　⇒　それぞれの号に該当し、通則３の規定によりその所属を決定

３　原契約の内容のうちの課税事項に該当しない事項を変更する契約書で、その変更に係る事項が原契約書の該当する課税物件表の号以外の号の重要な事項に該当するもの　⇒　当該原契約書の該当する号以外の号

　したがって、ご質問の覚書は、原契約に定めた請負契約の重要事項である「契約金額の支払期日」を変更するものですから、記載金額のない第２号文書（請負に関する契約書）に該当し、印紙税額は200円となります。

19

1-11 原契約の内容の補充

Q 既に締結した工事請負契約に定めていなかった事項を定める契約書は、印紙税法上、どのように取り扱われますか。

A 印紙税の課税対象となる契約書には、原契約の内容を補充する契約書（以下「補充契約書」という。）も含まれます（通則5）。
　この「原契約の内容を補充する」とは、既にある契約（原契約）の内容として欠けている事項を補充することをいいます。この補充契約書は、原契約の内容を補充するものをいいますから、原契約についての契約書が作成されている場合はもとより、原契約について契約書が作成されていない場合も含まれます。
　また、契約の内容の補充が全ての課税の対象となるものではなく、基通別表第二「重要な事項の一覧表」（巻末の【表2】参照）に掲げられている事項（これらに密接に関連する事項を含みます。）を補充するもののみが課税の対象となります。
　なお、補充契約書の所属の決定は、次のとおりとなります（基通18②）。
1　原契約が課税物件表の一の号のみの課税事項を含む場合において、当該課税事項のうちの重要な事項を補充する契約書　⇒　原契約と同一の号
2　原契約が2以上の号の課税事項を含む場合において、当該課税事項の内容のうちの重要な事項を補充する契約書
　(1)　いずれか一方の号のみの重要な事項を補充する契約書　⇒　当該一方の号
　(2)　2以上の号の重要な事項を補充する契約書　⇒　それぞれの号に該当し、通則3の規定によりその所属を決定
3　原契約の内容のうちの課税事項に該当しない事項を補充する契約書で、その補充に係る事項が原契約書の該当する課税物件表の号以外の号の重要な事項に該当するもの　⇒　当該原契約書の該当する号以外の号

第1章 印紙税の基礎知識

1-12 契約書の写し（コピー）

> **Q** 建設会社である当社では、受注した工事について、契約内容を明らかにするために「工事請負契約書」を作成することにしています。
> この契約書は1部しか作成しないことから、原本は注文主が所持し、当社は契約書のコピーを所持することにしています。
> このコピーは単なる契約書の控えとして、印紙税が課されないものと取り扱ってよいのでしょうか。

A 契約当事者間において、同一の内容の文書を2通以上作成した場合において、それぞれの文書が課税事項を証明する目的で作成されたものであるときは、それぞれの文書が、課税文書に該当するものとして取り扱われます。

ところで、写し（コピー）、副本、謄本等と表示された文書が、契約の成立等を証明する目的で作成されたかどうかは文書の記載内容、使用方法等から判断することになり、次に掲げるものは、課税文書に該当するものとされています（基通19②）。

1　契約当事者の双方又は一方の署名又は押印があるもの
　ただし、文書の所持者のみが署名押印しているものは除かれます。
2　正本等と相違ないこと、又は写し、副本、謄本等であることの契約当事者の証明（正本等との割印を含む。）のあるもの
　ただし、文書の所持者のみが証明しているものは除かれます。

したがって、ご質問の契約書のコピーについては、複写機で複写しただけのもので、注文主の署名、押印又は正本等と相違ないことの証明等のないものであれば、課税文書に該当しません。

21

1-13 仮契約書(協定書)

> **Q** 当社(甲)は、不動産の売買に当たり、協定書を作成しましたが、後日、正式な契約を締結することとしています。この協定書は、不課税文書と考えてよいのでしょうか。

```
              協 定 書
  売主甲株式会社と買主乙株式会社は、末尾記載の物件の将来の不
動産売買契約に関し、下記条項について合意したので、本書2通を
作成し、各自記名捺印の上、各1通を保有する。
                 記
(売買価格)
第1条 本物件の売買価格は、1億円とする。
(支払条件)
第2条
  1 手付金
    売買代金の　％とする(売買契約時)。
  2 残代金
    売買代金の　％とする(所有権移転登記時)。
              (以下省略)
```

第1章 印紙税の基礎知識

A　印紙税法上、契約書とは、契約証書、協定書その他名称のいかんを問わず、契約の当事者間において、契約（その予約を含む。）の成立、更改、内容の変更や補充の事実を証明する目的で作成される文書をいいます（通則5）。

　後日、正式な文書を作成することとしている場合において、一時的にこれに代わるものとして作成する仮契約書等であっても、その文書が課税事項を証明する目的で作成されたものであるときは、課税文書になります（基通58）。

　したがって、ご質問の協定書は、将来の不動産売買契約に関し、売買価格や支払条件等を定めたものであり、将来本契約を成立させることを約する契約（予約契約）の成立を証明するものと認められますから、第1号の1文書（不動産の譲渡に関する契約書）に該当し、記載金額は1億円となり、印紙税額は6万円となります。

　なお、作成年月日が平成9年4月1日から平成26年3月31日の場合、印紙税額4万5千円、平成26年4月1日から令和9年3月31日の場合、印紙税額3万円となり、軽減税率の対象となります。

1-14　基本契約に基づく注文書

Q 　当社（甲）は、機械部品の製造業を営んでおり、部品の製造については一部、協力会社（乙）に委託しています。
この注文書は、印紙税法上、どのように取り扱われますか。
　なお、基本契約書には、この注文書を交付することによって自動的に契約が成立する旨の定めがあります。

No._____

　　　　　　　注　文　書

　　　　　　　　　　　　　　　　　　　　　年　　月　　日

乙　　株式会社　御中

　　　　　　　　　　　　　　　　　　　　甲　　株式会社　㊞

貴社との基本契約書の定めに基づき、下記のとおり注文いたします。

　　　　　　　　　記

受渡期日	受渡場所	代金支払期日
加工明細	単　価	数　量	金　額	備　考

第1章 印紙税の基礎知識

A　一般に、申込書、注文書、依頼書（以下「申込書等」という。）など、単に契約の申込み事実を証明する目的で作成される文書は、印紙税法上の契約書には該当しません。

しかし、申込書等と表示されたものであっても、例えば、次のようなものは、原則として契約書に該当します（基通21②）。

1　契約当事者間の基本契約書、規約又は約款等に基づく申込みであることが記載されているもので、その申込みにより自動的に契約が成立することとなっている申込書等（ただし、契約の相手方当事者が別途請書等契約の成立を証明する文書を作成することが記載されているものを除きます。次の2においても同じです。）

2　見積書その他の契約の相手方当事者の作成した文書等に基づく申込みであることが記載されている申込書等

3　契約当事者双方の署名又は押印があるもの

ところで、ご質問の注文書は、協力会社との基本契約書に基づく注文であることが記載されており、この注文書を交付することにより自動的に契約が成立するものですから、印紙税法上の契約書に該当します。

また、この契約書は、部品の製造、つまり、請負契約について定めたものですから、第2号文書（請負に関する契約書）に該当し、記載金額に応じた印紙税が課されます。

1-15 契約当事者以外の者に提出する文書の取扱い

当社は、不動産の仲介を行っています。
不動産の仲介をした場合、不動産売買契約書の控え（売買当事者の署名押印のあるもの）を当社で保管することとしています。
この契約書の控えも第1号の1文書（不動産の譲渡に関する契約書）として、印紙税が課税されますか。

A 印紙税は、作成された課税文書に対して課税されるものですから、同一の内容の文書が2通以上作成された場合において、それぞれの文書が契約の成立を証明するものである限り、契約当事者が所持するものと、契約当事者以外の者が所持するものとを問わず、原則として課税文書に該当することとなります。

しかしながら、契約当事者以外の者に提出する文書であって、かつ、当該文書に提出先が明確に記載されているものについては、課税文書に該当しないものと取り扱われます（基通20）。

ここにいう契約当事者とは、その契約書において直接の当事者となっている者のみではなく、その契約の前提となる契約及びその契約に付随して行われる契約の当事者等、その契約に参加する者の全てを含みます。

例えば、不動産売買契約における仲介人、消費貸借契約における保証人等は、契約に参加する当事者であることから、ここにいう契約当事者に含まれることになり、その所持する契約書は課税の対象となります。

契約当事者以外の者とは、その契約に直接の利害関係を有しない、例えば、監督官庁や融資銀行のような者をいうことになります。

契約当事者以外の者に提出する文書であっても、提出先が明記されていないものは、原則として課税されることとなり、また、「○○○提出用」と契約当

事者以外の者に提出されることが明記された文書であっても、例えば、監督官庁に提出しないで契約当事者が所持している場合や、当初、契約当事者間の証明目的で作成されたものが、たまたま結果的に契約当事者以外の者に提出された場合等は、課税の対象となりますので、注意が必要です。

したがって、ご質問のように仲介人が所持する不動産売買契約書は、第1号の1文書（不動産の譲渡に関する契約書）に該当することになりますが、仲介人自身はこの契約書の作成者ではありませんから、この不動産売買契約の売主と買主が連帯して納税義務を負います。

第4節 文書の所属の決定

1-16 文書の所属の決定

Q 一の文書が2以上の号に該当する場合、その所属はどのようにして決められるのですか。

A 印紙税は、法別表第一の課税物件表（巻末の【表1】参照）に掲げる文書を作成する時までに、原則として、その文書に収入印紙を貼り付けて納付する税金です。

　この課税物件表には、不動産の譲渡に関する契約書をはじめとして20種類の文書を掲げており、作成する文書によっては、一つの文書で、課税物件表の複数の文書に該当するものがあります。このような場合、通則3の規定により課税文書の所属を決定することとされておりますが、その主なものについて、具体的な事例に基づいて説明します。

① 第1号又は第2号文書と第3号から第17号までの文書とに該当する文書（ただし、②又は③に該当する文書は除かれます。） ⇒ 第1号（又は第2号）文書

| 1号又は2号 | 3号〜17号 | → | 1号又は2号 |

〈例1〉不動産及び売掛債権の譲渡契約書（第1号の1文書と第15号文書）
　　　⇒ 第1号の1文書
〈例2〉請負工事の内容とその売上代金の受領事実を記載した契約書（第2号文書と第17号の1文書） ⇒ 第2号文書

② 第1号又は第2号文書で契約金額の記載のないものと第7号文書とに該当する文書　⇒　第7号文書

〈例〉　継続する物品運送についての基本的な事項を定めた契約書で契約金額の記載のないもの（第1号の4文書と第7号文書）　⇒　第7号文書

③ 第1号又は第2号文書と第17号の1文書とに該当する文書のうち、売上代金に係る受取金額（100万円を超えるものに限ります。）の記載があるもので、その金額が第1号若しくは第2号文書についての契約金額（その契約金額が2以上ある場合には、その合計額）を超えるもの又は第1号若しくは第2号文書についての契約金額の記載のないもの　⇒　第17号の1文書

〈例〉　売掛金800万円のうち600万円を領収し、残額200万円を消費貸借の目的とする旨が記載されている消費貸借及び金銭の受取書（第1号の3文書と第17号の1文書）　⇒　第17号の1文書

④ 第1号文書と第2号文書とに該当する文書（ただし、⑤に該当する文書は除かれます。）　⇒　第1号文書

〈例〉　機械製作及びその機械の運送契約書（第2号文書と第1号の4文書）　⇒　第1号の4文書

⑤ 第1号文書と第2号文書とに該当する文書で、その文書にそれぞれの契約金額が区分記載されており、第2号文書についての契約金額が第1号文書についての契約金額を超えるもの ⇒ 第2号文書

〈例〉 機械製作費200万円及びその機械の運送料10万円とが区分記載されている請負及び運送契約書 ⇒ 第2号文書

⑥ 第3号から第17号までの2以上の号に該当する文書（ただし、⑦に該当する文書は除かれます。） ⇒ 最も号数の少ない号の文書

〈例〉 継続する債権譲渡についての基本的な事項を定めた契約書（第7号文書と第15号文書） ⇒ 第7号文書

⑦ 第3号から第16号までの文書と第17号の1文書とに該当する文書のうち、売上代金に係る受取金額（100万円を超えるものに限ります。）の記載があるもの ⇒ 第17号の1文書

〈例〉 債権の譲渡契約書にその代金200万円の受取事実を記載したもの（第15号文書と第17号の1文書） ⇒ 第17号の1文書

⑧　第1号から第17号までの文書と第18号から第20号までの文書（通帳等）とに該当する文書（ただし、⑨、⑩又は⑪に該当する文書は除かれます。）

　　⇒　第18号～第20号文書

〈例〉　生命保険証券兼保険料受取通帳（第10号文書と第18号文書）　⇒　第18号文書

⑨　第1号文書で契約金額が10万円を超えるものと第19号又は第20号文書とに該当する文書（第19号又は第20号の通帳等に、契約金額10万円を超える第1号の課税事項の付け込みをしたものも含まれます。）

　　⇒　第1号文書

〈例〉　契約金額が500万円の不動産売買契約書とその代金の受取通帳（第1号の1文書と第19号文書）　⇒　第1号の1文書

⑩　第2号文書で契約金額が100万円を超えるものと第19号又は第20号文書とに該当する文書（第19号又は第20号の通帳等に、契約金額100万円を超える第2号の課税事項の付け込みをしたものも含まれます。）

　　⇒　第2号文書

〈例〉　契約金額が150万円の請負契約書とその代金の受取通帳（第2号文書と第19号文書）　⇒　第2号文書

⑪　第17号の1文書で売上代金の受取金額が100万円を超えるものと第19号又は第20号文書とに該当する文書（第19号又は第20号の通帳等に、100万円を超える売上代金の受領事実の付け込みをしたものも含まれます。）　⇒　第17号の1文書

〈例〉　下請前払金200万円の受領事実を記載した請負通帳（第17号の1文書と第19号文書）　⇒　第17号の1文書

⑫　第18号文書と第19号文書とに該当する文書　⇒　第19号文書

〈例〉　預貯金通帳と金銭の受取通帳が1冊となった通帳（第18号文書と第19号文書）　⇒　第19号文書

第1章　印紙税の基礎知識

第5節　文書の記載金額

1−17　契約金額

> **Q** 印紙税法は、税率の適用や非課税物件の判断について、「契約金額」によることとされていますが、事例の場合の「契約金額」は、どのように取り扱われますか。

土地賃貸借契約書

　土地所有者　甲と賃借人　乙との間において下記土地の賃貸借契約を締結する。

記

土地の所在地　　　市　　町　丁目　番地

土地の面積　　　　　　　　㎡

賃貸料　　　　月額100,000円

保証金　　　　10,000,000円

　　　　但し、契約解除時に返還される金額は上記金額のうち、8割とする。

契約期間　　　契約締結後10年間

　　　年　月　日

　(甲)　　　　甲　株式会社

　　　　　　　代表取締役　　　　　　　　　　　㊞

　(乙)　　　　乙　株式会社

　　　　　　　代表取締役　　　　　　　　　　　㊞

33

　　　　ご質問の文書は、第1号の2文書（土地の賃貸借に関する契約書）に
　A　　該当しますので、その契約金額は、保証金のうち後日返還されること
が予定されていない200万円となります。

　ところで、印紙税法の課税物件表（巻末の【表1】参照）に規定されている
第1号、第2号及び第15号に規定する「契約金額」とは、契約の成立等に関し
直接証明の目的となっている金額をいいます。

　この直接証明の目的となっている金額とは、契約の成立についての契約書で
あれば成立に係る金額を、契約の変更についての契約書であれば変更に係る金
額を、また、契約の補充についての契約書であれば補充に係る金額をいいます。

　なお、具体的には、次に掲げる区分に応じた金額をいいます。

文　書　の　種　類		記　載　金　額
第1号の1文書（不動産等の譲渡に関する契約書）及び第15号文書（債権譲渡に関する契約書）　※右の譲渡の形態に応じて異なります。	売　買	売買金額（注1）
	交　換	交換金額（注2）
	代物弁済	代物弁済により消滅する債務の金額
	現物出資	出資金額
	その他	譲渡の対価たる金額（注3）
第1号の2文書（地上権又は土地の賃借権の設定又は譲渡に関する契約書）		設定又は譲渡の対価たる金額（注4）
第1号の3文書（消費貸借に関する契約書）		消費貸借金額
第1号の4文書（運送に関する契約書）		運送料又は傭船料
第2号文書（請負に関する契約書）		請負金額
第15号文書（債務引受けに関する契約書）		引き受ける債務の金額

（注）　1　例えば、土地売買契約書で、時価1,000万円の土地を800万円で売買すると記載した
　　　　　もの ⇒ 記載金額は800万円（時価は評価額であって売買金額ではありません。）
　　　　2　例えば、土地交換契約書で、交換対象物の双方の価額が記載されているときは、
　　　　　いずれか高い方の金額、また、交換差金のみが記載されているときは、その交換差
　　　　　金が記載金額となります。
　　　　3　贈与契約においては、譲渡の対価たる金額がありませんから、記載金額はないも

のとして取り扱います。

4　設定又は譲渡の対価たる金額とは、賃貸料を除き、権利金等、契約に際して相手方に交付し、後日返還されることが予定されていない金額をいいます。したがって、後日返還されることが予定されている保証金、敷金等は、記載金額には該当しません。

1-18 契約金額の算出

Ｑ 当社（甲）は、所有する宅地を売却するに当たり、事例１の不動産売買契約書を作成しました。この契約書には、面積と単価が記載されているだけで、売買金額そのものが記載されていないことから、記載金額のない第１号の１文書として取り扱ってよいのでしょうか。

また、事例２の清掃請負契約書を作成した場合、印紙税法上どのように取り扱われますか。

（事例１）

不動産売買契約書

後記物件の所有者甲株式会社を甲として、買受人乙株式会社を乙として、甲乙間において次のとおり契約する。

第１条 甲は、後記物件を乙に対して売り渡し、乙はこれを買い受けるものとする。

第２条 後記物件の売買代金は3.3平方メートル当たり200万円とする。

　　年　月　日

　　　　　売主（甲）甲　株式会社 ㊞
　　　　　買主（乙）乙　株式会社 ㊞

（売買物件の表示）

　　所在地　市　町　丁目　番　号
　　地目　宅地
　　面積　165平方メートル

（事例２）

清掃請負契約書

委託者甲株式会社を甲として、受託者乙株式会社を乙として、次のとおり清掃請負契約を締結する。

１　清掃場所　　市　町　丁目　番　号
　　　　　　　　○○ビル

２　単価　月当たり　100,000円

３　期間　　　年　月以降

　　　年　月　日

　　　　　　　　（甲）甲　株式会社 ㊞
　　　　　　　　（乙）乙　株式会社 ㊞

第1章 印紙税の基礎知識

A 課税文書に記載されている内容から、契約金額を計算することができる場合について、通則4ホ(1)では、「当該文書に記載されている単価及び数量、記号その他によりその契約金額等の計算をすることができるときは、その計算により算出した金額を当該文書の記載金額とする。」と規定しています。

したがって、契約金額そのものが課税文書に記載されていない場合であっても、その文書に記載されている単価、数量、記号、符号などにより、契約金額の計算をすることができる場合又は記号等そのものが金額を意味する場合には、単価等により計算した金額又は記号等の意味する金額が、それぞれ記載金額として取り扱われることになります。

ところで、ご質問の事例1の文書ですが、面積と単価を掛け合わせることにより、売買金額の計算をすることができますから、記載金額1億円（200万円×165㎡／3.3㎡）の第1号の1文書（不動産の譲渡に関する契約書）に該当することになります。

一方、事例2の清掃請負契約書のように、月額単価の定めはあるものの、契約期間の定めがない文書は、契約金額が計算できませんから、記載金額のない文書として取り扱われます。

なお、この清掃請負契約書は、記載金額のない第2号文書（請負に関する契約書）と第7号文書（継続的取引の基本となる契約書）の両方に該当し、通則3イのただし書により第7号文書となります。

37

1-19 当事者間で契約金額が明らかな場合

> Q 当社（甲）は、塗装工事の依頼があったときは、見積書を作成し、依頼者（乙）に交付しています。
> その後、工事の注文を受けたときに注文請書を作成し、発注者（乙）に交付しています。
> この請書には契約金額が記載されていませんので、記載金額のない第2号文書（請負に関する契約書）として取り扱ってよいのでしょうか。

```
                              No.10
           見積書
                        ×××1年7月8日
乙株式会社　殿
               甲塗装株式会社　㊞
 下記のとおりお見積りいたします。
            記
```

No.	名　称	見積金額	備考
1	本社塗装工事一式	10,000,000円	
	（明細は別紙のとおり）		

```
           注文請書
                        ×××1年8月1日
乙株式会社　殿
               甲塗装株式会社　㊞
 下記のとおり工事をお請けいたします。
            記
```

No.	名　称	契約金額	備考
1	本社塗装工事一式	契約金額は×××1年7月8日付見積書No.10のとおり	

第1章 印紙税の基礎知識

A　第1号文書又は第2号文書については、その文書に具体的な契約金額の記載がなくても、その文書に契約金額又は単価、数量、記号その他の記載のある見積書、注文書その他これらに類する文書（課税文書に該当するものは除く。）の名称、発行の日、記号、番号その他の記載があることにより、当事者間において契約金額を明らかにすることができるときは、その金額が記載金額となります。

　ところで、ご質問の注文請書は、具体的な契約金額が記載されていませんが、契約金額の欄に「契約金額は×××1年7月8日付見積書No.10のとおり」と記載されていることから、見積書が引用され、契約金額が明らかにすることができます。

　したがって、この注文請書は、見積書に記載されている1,000万円を記載金額とする第2号文書（請負に関する契約書）となります。

1-20 予定金額、最高金額、最低金額等の記載がある文書の取扱い

Q 当社（甲）では、自社の商品を工場から倉庫へ搬送するため、運送会社（乙）との間で1か月当たりの最低金額を取り決めた運送契約書を作成しました。
この運送契約書は、印紙税法上、どのように取り扱われますか。

運送契約書

　○○商事株式会社（以下「甲」という。）と△△運送株式会社（以下「乙」という。）とは、甲の商品（以下「貨物」という。）の運送について次のとおり契約を締結する。

第1条　乙は、乙の所有する貨物自動車を使用して甲から委託された貨物を甲の指定する場所へ速やかに運送する。

第2条　甲は運送料として1日当たり300,000円を乙へ支払う。
　　　　ただし、1か月当たりの運送日が20日に満たない場合の支払金額（最低金額）は、月額6,000,000円とする。

第3条　運送料の支払は、毎月末を締日とし、翌月10日に小切手で支払う。

（中略）

第15条　この契約書は、契約締結の日から満1か年有効とする。
　　　　なお、期間満了の1か月前までに当事者の一方より何らかの意思表示のない場合は、さらに1か年有効とし、以降この例による。

　上記の契約を証するために、この契約書を2通作成し、各々その1通を保有する。
　　年　月　日

　　　　　　　　　　　　　　　　　　　　（甲）　○○商事株式会社　㊞
　　　　　　　　　　　　　　　　　　　　（乙）　△△運送株式会社　㊞

A ご質問の契約書は、貴社の商品を工場から倉庫に搬送すること、すなわち運送に関する事項を定めるものですから、第1号の4文書（運送に関する契約書）に該当します。

　また、この契約書は、営業者間において運送に関する2以上の取引に共通し

第1章 印紙税の基礎知識

て適用される取引条件のうち、単価等を定めるものですから、第7号文書（継続的取引の基本となる契約書）にも該当します。

　更に、契約書には、第2条に「1か月当りの最低金額が600万円」、第15条に「契約期間を1年間」とすることが記載されていますから、記載金額はこれらの月額最低金額と契約期間の月数を乗じた金額7,200万円（600万円×12か月）となります。

　したがって、この契約書は、記載金額7,200万円の第1号の4文書と第7号文書に該当しますが、通則3イにより、記載金額7,200万円の第1号の4文書に所属が決定され、印紙税額は6万円となります。

　ところで、運送に関する契約書や請負に関する契約書など、契約金額によって、印紙税額が異なるものがあり、これらの契約書には、契約金額の表現方法として、例えば予定金額、最高金額、最低金額と記載されることがありますが、印紙税法では、こうしたものも次のとおりその金額が記載金額となります。

契約金額に係る記載内容	記載金額
予定金額50万円	50万円
概算金額50万円	
約50万円	
最低金額50万円	
最高金額50万円	
最高50万円以下	
50万円から100万円まで	

　また、次のように予定単価及び予定数量等の記載があり、予定金額等が計算できる場合は、その計算した金額が記載金額となります。

契約金額に係る記載内容	記載金額
予定単価1万円、予定数量50個	50万円
最低単価1万円、概算数量50個	

41

1−21 変更契約書の記載金額

> **Q** 当社は、ビル建設工事を受注した際に工事請負契約書を作成していますが、この度、請負金額に変更が生じることになり、次のような「工事請負変更契約書」を作成しました。
>
> このような変更契約書についても、その文書に記載された契約金額（記載金額）に応じて、印紙税が課税されると聞きましたが、この文書の記載金額は、どのように取り扱われますか。

工事請負変更契約書

　　　年　月　日付工事請負契約書については、次のとおり契約事項を一部変更の上、これを請け負うことを約定する。

1　工事内容　　変更内容は、別冊仕様書のとおり。

2　契約金額　　<u>既定金額　　　2,000,000,000円</u>

　　　　　　　<u>変更後金額　　2,200,000,000円</u>

　　　　　　　<u>増加金額　　　　200,000,000円</u>

　　　　　　　年　月　日

　　　　　　　　　　　　注文者　株式会社○○　　　㊞
　　　　　　　　　　　　請負者　株式会社○○建設　㊞

第1章 印紙税の基礎知識

A　変更契約書の記載金額については、契約金額の記載された変更前の契約書、つまり「原契約書」が作成されていることが明らかであり、かつ、変更契約書に変更金額（変更前の契約金額と変更後の契約金額の差額に相当する金額）が記載されている場合（記載内容により変更金額が計算できる場合を含む。）には、契約金額を増加させるものであるときは増加金額を記載金額とし、契約金額を減少させるものであるときは記載金額のないものとして取り扱われます。

　ご質問の契約書の記載金額については、変更前の契約書の名称及び契約年月日の記載があり、原契約書が作成されていることが明らかですから、変更前の「既定金額」と「変更後金額」との差額、つまり「増加金額」である2億円が記載金額となります。

　なお、原契約書が作成されていることが明らかでない場合には、その変更金額の増減にかかわらず、変更後の金額が記載されているときは変更後の金額が、変更金額のみ記載されているときは変更金額が、それぞれ記載金額として取り扱われます。

43

1-22 交換契約書の記載金額

Q 当社（甲）では、自社で所有している土地を関係会社（乙）が所有する土地と交換することになり、次の土地交換契約書を作成することとなりました。
この土地交換契約書は、印紙税法上、どのように取り扱われますか。

土 地 交 換 契 約 書

　〇〇商事株式会社（以下「甲」という。）と△△株式会社（以下「乙」という。）は、土地の交換について次のとおり契約を締結する。

第1条　交換する土地は、次のとおりとする。
　　　　甲が所有する土地
　　　　　　府　　市　　町　　丁目　　番地（　　㎡）
　　　　乙が所有する土地
　　　　　　県　　市　　町　　丁目　　番地（　　㎡）
第2条　甲の所有する土地の価格を八千万円とし、乙の所有する土地を一億円とする。
第3条　甲は、乙に対し、交換する土地の差額二千万円を現金にて支払う。

　　　　　　　　　　　（中　略）

　　年　月　日

　　　　　　　　　　　　　　　　　　　（甲）　〇〇商事株式会社　㊞

　　　　　　　　　　　　　　　　　　　（乙）　△△株式会社　　　㊞

第1章 印紙税の基礎知識

A　印紙税法では、第1号文書には「不動産等の譲渡に関する契約書」が、第15号文書には「債権譲渡に関する契約書」が課税物件として掲げられています。

　この「譲渡に関する契約書」とは、権利又は財産等をその同一性を保持させつつ、他人に移転させることを内容とする契約書をいい、売買契約書、交換契約書、贈与契約書、代物弁済契約書及び法人等に対する現物出資契約書等が該当します。

　例えば、交換の対象物に土地や建物などの不動産が含まれている場合は、第1号の1文書（不動産の譲渡に関する契約書）に該当します。

　また、交換契約書の記載金額については、交換物の双方の価格が記載されているときは、いずれか高い方（等価交換の場合は、いずれか一方）の金額を、交換差額のみが記載されているときは、その交換差額が記載金額となります。

　したがって、ご質問の契約書は、互いに所有している土地を交換するものですから、第1号の1文書に該当し、交換対象物である土地の双方の価格が記載されていますから、高い方の価格（乙の所有する土地の価格1億円）が記載金額となります。

45

1-23 消費税と記載金額

Q 課税文書に消費税額が記載してある場合は、どのように取り扱われますか。

A 課税文書は、法別表第一の課税物件表（巻末の【表1】参照）に第1号から第20号までの文書に分類して掲げられていますが、この中には、記載された金額、つまり「記載金額」により印紙税額が異なるものや、記載金額が一定の額未満の場合は非課税になるものがあります。

ところで、契約金額や領収金額に消費税及び地方消費税の金額（以下「消費税額等」という。）が含まれている場合の記載金額は、次のとおりとなります。

1 消費税額等が区分記載された契約書等

消費税額等が区分記載されている場合又は税込価格及び税抜価格が記載されていることにより、その取引に当たって課されるべき消費税額等が明らかとなる場合には、第1号文書、第2号文書、第17号文書について、その消費税額等の金額は記載金額に含めないこととされています。

〈例〉 第2号文書（請負に関する契約書）
① 請負金額1,100万円　税抜き価格1,000万円　消費税額等100万円　と記載したもの
② 請負金額1,100万円　うち消費税額等100万円　と記載したもの
③ 請負金額1,000万円　消費税額等100万円　計1,100万円　と記載したもの
④ 請負金額1,100万円　税抜価格1,000万円　と記載したもの
⇒ 上記の①〜④のいずれも記載金額1,000万円となります

（注） この取扱いは、第3号文書（約束手形又は為替手形）、第15号文書（債権譲渡又は債務引受けに関する契約書）には適用されません。

第1章 印紙税の基礎知識

2 消費税額等の金額のみが記載された金銭又は有価証券の受取書

消費税額等の金額のみを受領した際に交付する金銭又は有価証券の受取書については、記載金額のない第17号の2文書として取り扱われます。

したがって、その受領した消費税額等の金額にかかわらず、印紙税額は一律200円です。

ただし、受領した消費税額等の金額が5万円未満（平成26年3月31日以前は3万円）の場合は、非課税文書として取り扱われます。

1-24 消費税額等と手形金額

Q 当社(甲)は、仕入代金の決済に際して、次の約束手形を仕入先(乙)に振り出すこととしています。
この約束手形は、印紙税法上、どのように取り扱われますか。

```
No._____    約 束 手 形   No._____
  乙 株式会社                    支払期日    年   月   日
     代表取締役      殿         支払地      市   区
            ￥3,300,000*       支払場所  株式会社     銀行

       年 月 日
  振出地     市
  住 所     市    町
  振出人  甲 株式会社
       代表取締役        ㊞
```

第1章 印紙税の基礎知識

A　次に掲げる課税文書については、消費税額等の金額が区分して記載されている場合には、消費税額等は記載金額に含まれませんので、その部分を除いた金額が記載金額となります。

①　第1号文書　不動産の譲渡等に関する契約書

②　第2号文書　請負に関する契約書

③　第17号文書　金銭又は有価証券の受取書

④　第19号文書　請負通帳等

⑤　第20号文書　判取帳

また、手形法においては、手形に2以上の金額を記載したときには、その最小金額が記載金額となることから、事実上、消費税額等の区分記載はできません。

したがって、ご質問の約束手形の記載金額は、330万円となり、印紙税額1,000円となります。

1-25 消費税及び地方消費税の区分記載後に一括値引きした場合の記載金額

Q 当社（甲）では、売上代金を集金する際に、当初の請求金額から値引きをすることがあり、得意先（乙）に次のような内訳を記載した領収書を交付していますが、この場合、記載金額及び印紙税額はそれぞれいくらになりますか。

（事例1）

```
            領収書
乙　株式会社　御中
        ￥5,280,000
        上記正に領収致しました。
        〔 内　訳 〕
        本 体 価 格        5,000,000円
        消費税及び地方消費税（10％）  500,000円
        合      計        5,500,000円
        値      引         220,000円
        領 収 金 額        5,280,000円
                    年　月　日
                甲　株式会社　㊞
```

（事例2）

```
            領収書
乙　株式会社　御中
        ￥5,280,000
        上記正に領収致しました。
        〔 内　訳 〕
        本 体 価 格        5,000,000円
        消費税及び地方消費税（10％）  500,000円
        合      計        5,500,000円
        値      引         220,000円
        領 収 金 額        5,280,000円
        （消費税及び地方消費税480,000円を含む。）
                    年　月　日
                甲　株式会社　㊞
```

第1章 印紙税の基礎知識

A　第1号文書（不動産の譲渡等に関する契約書）、第2号文書（請負に関する契約書）及び第17号文書（金銭又は有価証券の受取書）に、消費税額等が区分記載されている場合、または、税込価格と税抜価格が記載されていることによりその取引に当たって課されるべき消費税額等が明らかとなる場合には、消費税額等は記載金額に含まれません。

　ところで、「消費税額等が区分記載されている場合」とは、その文書にその取引に課されるべき消費税額等に相当する金額が具体的に記載されている場合をいいます。

　このため、「消費税及び地方消費税10％を含む。」など、消費税及び地方消費税に相当する金額が具体的に記載されていない場合は、区分記載されていないことになります。

　ご質問の領収書（第17号の1文書）のように本体価格とこれに係る消費税額等の合計金額から一括して値引きした場合は、それぞれ次のようになります。

　事例1の領収書については、値引きした後の領収金額に係る消費税及び地方消費税の具体的な金額が区分して記載されていませんので、値引き後の領収金額5,280,000円が記載金額となり、印紙税額は2,000円となります。

　一方、事例2の領収書は「消費税及び地方消費税480,000円を含む。」と値引き後の領収金額に係る消費税及び地方消費税の金額が区分して記載されていますので、この消費税及び地方消費税の金額480,000円を控除した4,800,000円が記載金額となり、印紙税額は1,000円となります。

第6節　作成の意義

1-26　課税文書の作成の時期

Q 課税文書はいつ作成されたと考えるのですか。
また、印紙税が課税されるのはいつですか。

A　印紙税の納税義務は課税文書の作成の時に成立します（通則法15②十二）。

この課税文書の作成とは、単に課税文書となるべき用紙等に課税事項を記載するなどの調製行為をいうのではなく、現実にその文書の作成目的に従って行使することをいいます。

具体的には、次に掲げる課税文書は、それぞれ次に掲げる時に文書が作成されたものとされます。

行使の態様	作成の時	例示
相手方に交付する目的で作成される課税文書	交付の時	手形、株券、出資証券、社債券、預貯金証書、倉荷証券、船荷証券、保険証券、配当金領収証、受取書、請書、差入書
契約当事者の意思の合致を証明する目的で作成される課税文書	証明の時	各種契約書、協定書、約定書、合意書、覚書

一定事項の付け込みを証明することを目的として作成される課税文書	最初の付け込みの時	預貯金通帳、その他通帳、判取帳
認証を受けることにより効力が生ずる課税文書	認証の時	定款
本店に備え置くことが義務付けられている課税文書	本店に備え置く時	新設分割計画書

ところで、次の①～④に掲げる課税文書の場合は、それぞれに掲げる時にその文書が作成されたものとされます。

① 手形金額の記載のない手形（金額白地手形）

　⇨　手形金額を補充した時

② 通帳や判取帳を1年以上にわたって継続して使用する場合

　⇨　その課税文書を作成した日から1年を経過した日以後最初の付け込みをした時

③ 特定の課税文書に更に課税事項を追記又は付け込みをした場合

　⇨　課税事項を追記又は付け込みをした時

④ 通帳や判取帳に次に掲げる事項の付け込みをした場合

　⇨　次に掲げる事項の付け込みをした時

　イ　第1号文書に関する事項で、10万円を超える金額

　ロ　第2号文書に関する事項で、100万円を超える金額

　ハ　第17号の1文書に関する事項で、100万円を超える金額

第7節 納税義務者

1-27 納税義務者

 当社（甲）は、水道工事を請け負った際に注文請書を作成して注文主（乙）に交付しています。
この注文請書は、当社の従業員名で作成していますから、その従業員が印紙税の納税義務を負うことになるのでしょうか。

```
            注文請書
                        年　月　日
乙　株式会社　殿
                    甲　水道設備株式会社
                    担当者　○○○○　㊞
下記のとおり工事をお請けいたします。
            記
```

No.	名　称	契約金額	備　考
1	水道工事一式	500,000円	

納　期	年　月　日
支払条件	現金払

第1章 印紙税の基礎知識

　A　印紙税の納税義務者は課税文書の作成者です。また、印紙税は、その文書に記載されている記載文言に基づいて判断することを基本としていますので、作成者についてもその文書に記載されている記載文言に基づいて判断することになります。

　したがって、文書を現実に誰が作成したか、また、その文書の効果は誰に帰属するかを問わず、その文書に記載された作成名義人が作成者となります。

　ただし、法人等の役員又は従業者が、その法人等の業務又は財産に関して役員又は従業者の名義で作成する課税文書の作成者は、当該法人等とされています（基通42）。

　ところで、ご質問の注文請書は、業務に関して作成されたものですから、作成名義人が従業員であっても、作成者は法人である貴社となり印紙税の納税義務を負います。

　なお、委任に基づき代理人が作成する文書の作成者は、表示されている名義により、具体的には、次のとおりとなります。

① 　代理人名義のみを記載した文書　⇨　代理人

② 　代理人と委任者の双方の名義を表示した文書　⇨　代理人

③ 　委任者名義のみを記載した文書　⇨　委任者

| 1−28 | 課税事項が2以上記載されている場合の作成者 |

> Q 当社（甲）は、乙社とその代表取締役丙が所有する土地の購入に際して、土地売買契約書を3通作成し、それぞれが1通ずつ所持することとしています。
>
> この場合、甲、乙及び丙の三者が所持する契約書には、それぞれいくらの収入印紙が必要でしょうか。

土地売買契約書

甲株式会社（以下「甲」という。）と土地所有者乙株式会社（以下「乙」という。）と丙は、次のとおり売買契約を締結する。

第1条　乙と丙は、末尾記載の土地を甲に売り渡し、甲はこれを買い受ける。
第2条　乙が甲に売り渡す土地の代金は、2,000万円とする。
　　　　丙が甲に売り渡す土地の代金は、3,000万円とする。
第3条　前条による売買代金は、売買土地の所有権移転登記がこの契約に基づく新所有者に対して行われた後に支払うものとする。

（中略）

　　年　月　日

　　　　　　　　　　　　　　　　　　（甲）　甲　株式会社　㊞

　　　　　　　　　　　　　　　　　　（乙）　乙　株式会社　㊞

　　　　　　　　　　　　　　　　　　（丙）　丙　　　　　　㊞

1　乙の所有地

所　在　地	地目	地積	金　　額
○○市××町1-2-33	宅地	40坪	20,000,000円

2　丙の所有地

所　在　地	地目	地積	金　　額
○○市××町1-2-34	宅地	60坪	30,000,000円

第1章 印紙税の基礎知識

A 1の文書に課税物件表の同一の号の課税事項が2以上記載されている場合、また、その2以上の課税事項の当事者がそれぞれ異なる場合であっても、その文書は、これら当事者の全員が共同して作成されたものとされ、共同作成者全員に対して印紙税の納税義務が成立することとなります。

その文書の記載金額は、それぞれの課税事項の記載金額の合計額となります。

ところで、ご質問の契約書は、甲と乙、甲と丙間の二つの課税事項（不動産売買取引）について記載されていますので、甲、乙及び丙の三者で共同で作成したものと取り扱われ、その共同作成者全員が納税義務者となります。

また、この契約書の記載金額は、甲と乙間の売買取引金額2,000万円と甲と丙間の売買取引金額3,000万円の合計額5,000万円となります。

したがって、作成される3通の契約書は、いずれも、記載金額5,000万円の第1号の1文書（不動産の譲渡に関する契約書）に該当し、印紙税額は2万円となり、甲、乙及び丙の三者が連帯して納税義務者となります。

なお、作成年月日が平成9年4月1日から平成26年3月31日の場合、印紙税額1万5千円、平成26年4月1日から令和9年3月31日の場合、印紙税額1万円となり軽減税率の対象となります。

1-29 国等と共同して作成する文書

Q 当社は、甲市と共有している土地を丙社に売り渡すに当たり、契約書を3部作成し、当社、甲市、丙社がそれぞれ1部ずつ所持することとしています。

ところで、印紙税法上、国等が作成する文書は非課税であると聞きましたが、この契約で作成する3部のうち、どの契約書が非課税文書となるのでしょうか。

A 印紙税法上、国等が作成する文書は非課税文書とされます。

また、国等と国等以外の者とが共同して作成した文書については、国等が保存するものは国等以外の者が、また、国等以外の者が保存するものは国等が作成したものとみなされます（法4⑤）。

この場合の国等と国等以外の者とが共同して作成した文書とは、国等が共同作成者の一員となっている全ての文書をいいます（基通57）。

したがって、ご質問の場合、甲市が所持するものは、国等以外の者が作成したものとみなされますので、第1号の1文書（不動産の譲渡に関する契約書）の課税文書になります。

一方、貴社及び丙社が所持するものは、国等が作成したものとみなされますので非課税文書となります。

第1章 印紙税の基礎知識

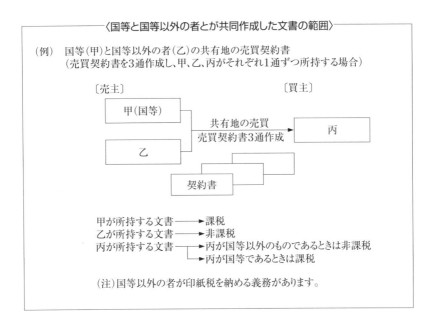

〈国等と国等以外の者とが共同作成した文書の範囲〉

(例) 国等(甲)と国等以外の者(乙)の共有地の売買契約書
    (売買契約書を3通作成し、甲、乙、丙がそれぞれ1通ずつ所持する場合)

甲が所持する文書 —— 課税
乙が所持する文書 —— 非課税
丙が所持する文書 —— 丙が国等以外のものであるときは非課税
　　　　　　　　　　→丙が国等であるときは課税

(注)国等以外の者が印紙税を納める義務があります。

第8節 納税地

1-30 納税地

Q 印紙税の納税地は、どのようになりますか。

A 印紙税の納税地は、次に掲げる課税文書の区分に応じた、それぞれの場所とされています。

順号	区　　　分	納　税　地
1	書式表示の承認に係る課税文書 （法11①） 一括納付の承認に係る預貯金通帳等 （法12①）	当該承認をした税務署長の所属する税務署の管轄区域内の場所 （法6一）
2	税印押なつ請求に係る課税文書 （法9①）	当該請求を受けた税務署長の所属する税務署の管轄区域内の場所 （法6二）
3	印紙税納付計器により印紙税相当額を表示した納付印を押す課税文書 （法10①）	当該納付計器の設置場所 （法6三）
4	1～3以外の課税文書	当該課税文書上に作成場所が明らかにされているもの	当該作成場所　（法6四）

		当該課税文書上に作成場所が明らかにされていないもの		（法6五）
		1　単独作成の場合		
		（1）　作成者の事業に係る事務所、事業所その他これらに準ずるものの所在地が記載されている課税文書	当該所在地	（令4①一）
		（2）　その他の課税文書	当該課税文書の作成の時における作成者の住所（住所がない場合は居所。以下同じ。）	（令4①二）
		2　共同作成の場合		
		（1）　作成者の所持している課税文書	当該所持している場所	（令4②一）
		（2）　作成者以外の者が所持している課税文書	当該課税文書に最も先に記載されている者のみが作成したものとした場合の1の(1)又は(2)に掲げる場所	（令4②二）

　なお、表の4に掲げる課税文書については、記載される作成場所の程度により、納税地が異なり、その具体的な特定方法は次のとおりとなります（基通50～52）。

区　　　分	記　載　内　容	納　税　地
相手方に交付する目的で作成される課税文書の納税地	領収書に作成者の所在地が記載されていない場合	作成者の本店所在地

（例）領収書	領収書に作成者の所在地が記載されている場合	本店の所在地のみが記載されている場合	作成者の本店所在地
		支店の所在地のみが記載されている場合	作成者の支店所在地
		東京都千代田区〇〇支店と記載されている場合	作成者の本店所在地（注）1
		本店と支店の両方の所在地が記載されており、支店において領収書が作成されていることが推定できる場合	作成者の支店所在地
契約当事者である甲と乙双方の署名捺印のある契約書（例）不動産売買契約書	甲が所持している場合		甲の所持場所
	乙が所持している場合		乙の所持場所
	仲介人が所持している場合※仲介人は、作成者ではありません。		甲、乙いずれか先に記載されている者の所在地（注）2

（注）1　「東京都千代田区」では、同区内に、麹町署と神田署の二つの税務署があることから、いずれの税務署の管轄区域内であるかが判明し得る程度の所在地の記載があるとはいえません。

　　　2　甲、乙いずれか先に記載されている者の所在地が記載されていない場合は、甲、乙いずれか先に記載されている者の住所が納税地になります。

　　　　また、甲、乙いずれか先に記載されている者が非課税法人等の場合は、次順位の者の住所が納税地になります。

第1章 印紙税の基礎知識

1−31 課税文書の作成場所

Q　当社は、アメリカのA社（日本国外）と土地の売買契約を締結することになりましたが、その契約書は、まず当社において合意に達した内容を2通の文書とし、それぞれに代表者の署名押印をしてA社に郵送します。

　A社においては、これに署名し、そのうちの1通はA社において保存し、他の1通は当社あてに返送されます。

　このような方法で作成する土地の売買契約書は、印紙税法上、どのように取り扱われますか。

A　印紙税法は国内法ですから、その適用地域は日本国内に限られることになります。

したがって、課税文書の作成が国外で行われる場合には、たとえ、その文書に基づく権利の行使が国内で行われる場合や、その文書の保存が国内で行われることとなっても、印紙税は課税されません。ただし、その文書に法施行地外の作成場所が記載されていても、現実に法施行地内で作成されたものについては課税されます（基通49）。

ところで、ご質問の契約書は、双方署名押印等する方式のものですから、貴社が土地の売買契約について合意した事項を記載し、これに署名押印した段階では、契約当事者の意思の合致を証明することにはならず、A社が署名等を行ったときに課税文書が作成されたことになります。

したがって、2通ともその作成場所は、アメリカすなわち日本国外ですから、印紙税法は適用されません。

なお、貴社において保存されることとなる1通の契約書は、いつ、どこで作成されたものであるかを明らかにしておかなければ、印紙税が納付されていな

63

い契約書として、後日、問題となることも予想されます。したがって、契約書上に作成場所を記載するなど、契約書上作成場所が記載されていなければ、その事実を付記しておく等が必要となります。

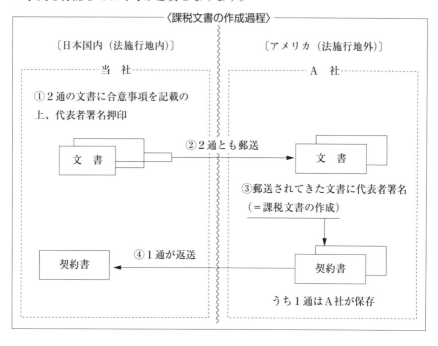

第1章 印紙税の基礎知識

 印紙の範囲

> Q 印紙税を納付する場合、印紙と称するものであれば、どのような印紙でも貼り付けてよいのでしょうか。

A 国が発行している印紙には、収入印紙、自動車重量税印紙、雇用保険印紙、自動車検査登録印紙、健康保険印紙、特許印紙及び登記印紙がありますが、印紙税を納付するのは、収入印紙によらなければなりません。

また、既に彩文が汚損等した印紙又は消印されている印紙若しくは消印されていない使用済みの印紙を課税文書に貼り付けても、印紙税を納付したことにはなりませんから、その課税文書は過怠税の対象となるほか、法第21条又は第24条の規定により処罰の対象になります（基通63）。

第9節　納付及び申告

1-33　印紙税の納め方

Q　印紙税は、どのようにして納めるのですか。

A　印紙税は、課税対象となる文書つまり課税文書に納付すべき印紙税額に相当する金額の収入印紙を貼り付けて納付するのが原則とされています。

ところで、課税文書が多量に作成されたり、事務処理が機械化される場合には、課税文書に収入印紙を貼り付ける原則的な方法のほか、次の特例が設けられています。

1　税印を押す方法

　課税文書の作成者は、特定の税務署長に対し、税印を押すことを請求することができます。

　この方法は、株券などの課税文書を一度に多量に作成する場合に、あらかじめ税印を押なつしようとする課税文書の印紙税額を納付し、税印押なつ機を設置している税務署の税務署長に対して、税印を押なつすることを請求することにより、税務署に設置されている税印押なつ機により税印を押すものです。

　税印は、機械的な圧力によって紙面に凹凸をつけることにより表示されます。

　なお、税印押なつの請求は、現実の課税文書の作成場所に関係なく、いずれの税印押なつ機設置署（規別表第二に掲げる税務署をいう。）に対しても行うことができます。

第1章 印紙税の基礎知識

2 印紙税納付計器により納付印を押す方法

　課税文書の作成者は、作成場所の所轄税務署長の承認を受けて、印紙税の納付計器によって納付印を押すことができます。

　この方法は、種々の課税文書を継続して作成する場合に、事前に所轄税務署長から印紙税納付計器の設置の承認を受けた上で、あらかじめ納付計器を使用して表示しようとする印紙税額を納付し、その印紙税額に相当する額を税務署で納付計器にセットしてもらうことにより、セットを受けた金額の範囲内で納付印を押すことができるものです。

　また、承認を受けることにより、納付計器の設置者が受け取る課税文書にも納付印、印紙税額が表示されたスタンプを押すことができます。

　なお、印紙税納計器は、自己の負担で設置することになります。

3 書式表示による方法

　特定の課税文書の作成者は、作成場所の所轄税務署長の承認を受けて、一定の書式を表示することにより、申告納付することができます。

　この方法は、毎月継続して又は特定の日に多量に作成する課税文書のうち、その様式又は形式が同一で、かつ、その作成の事実が後日において明らかにされるものに限られ、作成場所の所轄税務署長の承認を受けて、一定の書式を表示して作成することにより、1か月間に作成した当該課税文書の作成枚数及び印紙税額を翌月末日までに取りまとめて申告し、その申告に係る印紙税額を納付するものです。

　また、預貯金通帳については、作成場所の所轄税務署長の承認を受けることにより、書式表示による方法と同じように、その文書上に一定の書式を表示し、印紙税を申告納付する方法が認められています。

　なお、国税に関する申告、納税及び申請等の手続は、インターネットを通じて自宅やオフィスからできるようになっています。印紙税書式表示申告についても利用でき、大変便利なものです。国税電子申告・納税システム（e-Tax）についての詳しい手続につきましては、国税庁ホームページなどをご覧ください。

1　税印

　　　　　直径40mm

2　納付印

　縦：26mm
　　　　　　横：22mm

　甲　縦：26mm
　　　　　　　　横：22mm
　　　　　　乙　縦：28.6mm
　　　　　　　　横：24.2mm

3　書式表示の表示

印紙税申告納付につき税務署承認済

縦：17mm以上
横：15mm以上

| 印紙税申告納 |
| 付につき |
| 税務署承認済 |

縦：15mm以上
横：17mm以上

1-34 誤って納付した場合の印紙税の還付

当社は、機械の製造業を営んでいます。
先日、機械の発注があったので請書を作成し、その際2万円の収入印紙を貼り付けて消印しました。
ところが、後日、請負金額が1,000万円であるので1万円の収入印紙でよいことがわかりました。
このような場合、過大となった印紙税相当額についての救済処置はありますか。また、その場合の手続についても教えてください。

A　所定の金額を超える金額の収入印紙を課税文書に貼り付けた場合は、過誤納金として還付の対象になります。
　この還付を受けるためには、「印紙税過誤納確認申請（兼充当請求）書」に必要事項を記入し、過誤納となっている文書とともに納税地の所轄税務署長に提出して、印紙税が過誤納となっている事実の確認を受ける必要があります。
　なお、貼り付けた収入印紙をその文書から切り取ったり、はがしたりしたものは税務署で手続できなくなります。
　印紙税法による還付等の対象となる範囲には、ご質問の場合を含め、次表に掲げるものがありますが、白紙又は封筒、行政機関に対する申請・届出の際に提出する申請書等（登記申請書や旅券（パスポート）引換書など）、印紙税を納付する目的で貼り付けられたものでないことが明らかな場合で、かつ、消印されていない場合は、最寄りの税務署で「印紙税法第14条不適用」の確認を受けることなく、未使用の場合と同様に郵便局で他の収入印紙との交換を受けることができますが、交換しようとする収入印紙1枚当たり5円の手数料が必要です。

順号	過 誤 納 金 の 範 囲 等
1	課税文書に該当しない文書に、誤って印紙を貼り付け、又は課税文書に該当しない文書に納付印を押した場合
2	印紙を貼り付け、税印を押し、又は納付印を押した課税文書の用紙で、損傷、汚染、書損その他の理由により使用する見込みのなくなった場合
3	印紙を貼り付け、税印を押し、又は納付印を押した課税文書で、納付した金額が当該文書に課されるべき印紙税に相当する金額を超える場合
4	法第9条第1項（税印による納付の特例）、第10条第1項（印紙税納付計器の使用による納付の特例）、第11条第1項（書式表示による申告及び納付の特例）又は第12条第1項（預貯金通帳等に係る申告及び納付等の特例）の規定の適用を受けた課税文書について、当該各項に規定する納付方法以外の方法によって相当金額の印紙税を納付した場合
5	既に印紙税を納付したが、税印を押すことの請求をしなかった場合（請求が棄却された場合を含む。）
6	印紙税納付計器の設置者が法第10条第2項（印紙税納付計器の使用による納付の特例）の規定による承認を受けることなく、交付を受けた文書に納付印を押した場合
7	既に印紙税を納付した印紙税納付計器を使用しなくなった場合

第1章 印紙税の基礎知識

1-35 過怠税

Q 印紙税を納めなかったらどうなりますか。

　　課税文書を作成した者が、印紙税を納付しなかったときは、たとえ印紙税がかかることを知らなかったり、収入印紙を貼り忘れた場合であっても、原則として、納めなかった印紙税額の３倍の過怠税（最低1,000円）が課税されることになります。

　また、課税文書に収入印紙を貼り付けている場合でも、その印紙に消印をしていなかった場合には、その消印をしていなかった印紙の金額と同額の過怠税（最低1,000円）が課税されることになります。

　印紙税を納めなかった場合は、その納めなかった印紙税額の３倍の過怠税を納めなければならないこととされていますが、印紙を貼り忘れたことに気付いたり、非課税文書と思っていたものが課税文書であったことに気付いたため、その文書の作成者が、印紙税を納めていなかったことを所轄税務署長に申し出た場合には、過怠税は印紙税相当額の1.1倍に軽減されます。

　なお、この不納付の申出をした場合の過怠税については、その過怠税が1,000円未満である場合には1,000円とする規定は適用されず、納付すべき印紙税額の1.1倍相当額となります。

　ただし、印紙税を納付していないことの申出が、印紙税についての調査があったことにより、過怠税の賦課決定があることを予知してされたものである場合には、この軽減措置の適用はありません。

　また、何人かが共同して作成した課税文書に対する過怠税は、文書の共同作成者全員に連帯納税義務がありますが、共同作成者のうちの１人が過怠税を納付すれば、他の作成者はその過怠税を納付しなくてよいことになっています。

71

過怠税とは

　過怠税とは故意又は過失の有無を問わず、不納付税額に対する追徴的性格と財政権の侵害行為又はその誘発するおそれのある行為に対する行政的制裁の2面の性格を併せもっており、印紙税のみに規定されているものです。

　なお、過怠税は、その全額が法人税の損金や所得税の必要経費には算入されませんので注意してください。

第2章

主な課税文書の取扱い

2-1　第1号の1文書

> 不動産、鉱業権、無体財産権、船舶若しくは航空機又は営業の譲渡に関する契約書

 第1号の1文書について教えてください。

1　主な用語の意義
(1)　不動産

「不動産」とは、土地及びその定着物（建物、石垣、樹木等）をいいます。また、不動産には、土地、建物のほか、工場財団、鉱業財団などの財団も含まれます。

(2)　鉱業権

「鉱業権」とは、鉱業法第5条に規定する鉱業権をいいます。

(3)　無体財産権

「無体財産権」とは、特許権、実用新案権、商標権、意匠権、回路配置利用権、育成者権、商号及び著作権をいいます。

(4)　船舶

「船舶」とは、船舶法第5条に規定する船舶原簿に登録を要する総トン数20トン以上の船舶及びこれに類する外国籍の船舶をいいます。

(5)　航空機

「航空機」とは、航空法第2条に規定する航空機をいいます。

(6)　営業の譲渡

「営業の譲渡」とは、営業活動を構成している動産、不動産、債権、債務などを包括した一体的な権利、財産としてとらえられる営業の譲渡をいい、

その一部の譲渡を含みます。

2 主な文書例

第1号の1文書に該当する文書例としては、不動産売買契約書、不動産売渡証書、共有不動産の持分の譲渡契約書、立木売買契約書、不動産売買価額協定書、不動産交換契約書、不動産売買契約変更契約書、鉱業権譲渡契約書、著作権譲渡契約書、船舶売買契約書、営業譲渡契約書などがあります。

3 非課税文書

記載された契約金額が1万円未満のもの

ただし、第1号文書と第3号から第17号文書とに該当する文書で第1号文書に所属が決定されるものは、記載された契約金額が1万円未満であっても非課税文書となりません。

4 軽減税率

不動産の譲渡に関する契約書については作成年月日により印紙税額が軽減されます。

2-2　第1号の2文書

> 地上権又は土地の賃借権の設定又は譲渡に関する契約書

 第1号の2文書について教えてください。

A　1　主な用語の意義
(1)　地上権

「地上権」とは、他人の土地（地下又は空間を含みます。）に工作物又は竹木を所有するなどのために、土地を使用することを内容とする物権をいいます。

(2)　土地の賃借権

「土地の賃借権」とは、土地の賃貸借契約により設定される権利で、賃借人が賃貸人の土地（地下又は空間を含みます。）を使用収益できることを内容とするものをいいます。

2　主な文書例

第1号の2文書に該当する文書例としては、地上権設定契約書、土地賃貸借契約書、土地賃料変更契約書、地上権譲渡契約書、土地の転貸契約書、駐車場用地賃貸借契約書、土地の賃貸借についての覚書などがあります。

3　ワンポイントアドバイス

第1号の2文書の「契約金額」とは、「設定又は譲渡の対価たる金額」をいい、賃貸料を除き、権利金等、契約に際して賃貸人に交付し、後日返還されることが予定されていない金額をいいます。

したがって、後日返還されることが予定されている敷金等は、契約金額には該当しません。

第2章　主な課税文書の取扱い

　また、賃借人が賃貸料だけを支払い、権利金等の授受のないものは、「契約
金額の記載のない契約書」として取り扱われます。

4　非課税文書

　記載された契約金額が１万円未満のもの

　ただし、第１号文書と第３号から第17号文書とに該当する文書で第１号文書
に所属が決定されるものは、記載された契約金額が１万円未満であっても非課
税文書となりません。

2-3　第1号の3文書

消費貸借に関する契約書

 第1号の3文書について教えてください。

1　主な用語の意義
(1)　消費貸借

「消費貸借」とは、当事者の一方（借主）が、同種、同等、同量の金銭その他の代替物を返還することを約して、相手方（貸主）から金銭その他の代替物を受け取ることによって成立する契約又は書面によることを要件として、貸主と借主の合意のみで、同種、同等、同量の金銭その他の代替物を返還することを約することによって成立する契約をいいます。

なお、消費貸借には、準消費貸借を含みます。

(2)　準消費貸借

「準消費貸借」とは、金銭その他の代替物を給付する義務を負う者（債務者）が、その相手方（債権者）に対して、その物を消費貸借の目的とすることを約する契約をいいます。

2　主な文書例

第1号の3文書に該当する文書例としては、借用証書、手形貸付約定書、消費貸借契約書、消費貸借変更契約書、借入債務承認及び弁済契約書、限度（極度）貸付契約書、カードローン契約書、建設協力金等の定めがある建物賃貸借契約書、貸付決定通知書などがあります。

3　ワンポイントアドバイス

ビル等の賃貸借又は使用貸借契約（予約契約を含む。）の際に、建設協力金、

保証金等として一定の金銭を受領し、賃貸借又は使用貸借における契約期間に関係なく、一定期間据置き後一括返還又は分割返還することを約した契約書は、第1号の3文書に該当します。

4　非課税文書

記載された契約金額が1万円未満のもの

ただし、第1号文書と第3号から第17号文書とに該当する文書で第1号文書に所属が決定されるものは、記載された契約金額が1万円未満であっても非課税文書となりません。

2−4　第1号の4文書

運送に関する契約書

> Q　第1号の4文書について教えてください。

A　**1　運送の意義**

「運送」とは、委託により当事者の一方（運送人）が、物品又は旅客を所定の場所に運ぶことをいいます。

通常の運送契約は、運送という仕事の完成を目的とし、その結果に対して報酬が支払われるため、請負契約に属することとなります。しかしながら、印紙税法上における運送に関する契約書として課税文書に該当するか否かは、その結果に対し報酬（運送料）が支払われるかどうか、また、それを業としているかどうかは問われません。つまり、それが営業として行われるものに限られず、たまたま行われる無償の契約であっても運送に関する契約に該当します。

2　主な文書例

第1号の4文書に該当する文書例としては、運送契約書、貨物運送引受書、定期傭船契約書、輸送業務委託契約書などがあります。

3　ワンポイントアドバイス

運送に関する契約書は、傭船契約書を含み、乗車券、乗船券、航空券及び送り状は含まれませんが、そのポイントは次のとおりです。

(1) 傭船契約

「傭船契約」とは、船舶の全部又は一部を貸し切り、これにより物品又は旅客を運送することを約する契約で、次のいずれかに該当するものをいいます。

第2章　主な課税文書の取扱い

なお、この傭船契約には航空機の傭船契約を含み、裸傭船契約を含みません。

①　船舶の占有がその所有者等に属し、所有者等が自らその船舶を運送の用に使用するもの

②　船長その他の乗組員等の選任又は航海等の費用の負担が所有者等に属するもの

(2)　裸傭船契約

　　「裸傭船契約」とは、船舶そのものの賃貸借を内容とする契約で、裸傭船契約書は、傭船契約書という名称を用いていますが、その実質は船舶の賃貸借契約書となりますので、運送に関する契約書には該当しません。

(3)　送り状

　　「送り状」(「運送状」ともいう。)とは、荷送人が運送人の請求に応じて交付する書面で、運送品とともにその到達地に送付され、荷受人が運送品の同一性を検査したり、着払運賃など、その負担する義務の範囲を知るために利用されるものをいい、運送に関する契約書には該当しません。

　　しかしながら、文書の表題が「送り状」、「運送状」などとなっていても、運送契約の成立の事実を証する事実が具体的に記載され、運送引受けの証として荷送人に交付されるものは、ここにいう送り状には該当しませんから、運送に関する契約書として印紙税が課税されることになります。

4　非課税文書

記載された契約金額が1万円未満のもの

　ただし、第1号文書と第3号から第17号文書とに該当する文書で第1号文書に所属が決定されるものは、記載された契約金額が1万円未満であっても非課税文書となりません。

2-5 第2号文書

請負に関する契約書

Q 第2号文書について教えてください。

A 1 請負の意義
　「請負」とは、当事者の一方（請負人）が、ある仕事の完成を約し、相手方（注文者）がそれに対して報酬を支払うことを約することによって成立する契約をいい、講演、警備、機械保守、清掃などの契約で無形的な結果を目的とするものも含まれます。
　このほか、公認会計士の監査契約、民間放送会社と広告主又は広告代理店業者との間の広告などの契約も請負契約に該当します。
　また、この請負には、職業野球の選手、映画又は演劇の俳優、プロボクサー、プロレスラー、音楽家、舞踊家、映画又は演劇の監督・演出家又はプロデューサー、テレビジョン放送の演技者・演出家又はプロデューサーなどが、その者としての役務の提供を内容とする契約を含みます。
　なお、委任事務の履行により得られる成果に対して報酬を支払うことを約する契約は「請負」に該当しません。

2 主な文書例
　第2号文書に該当する文書例としては、工事請負契約書、注文請書（工事、物品加工、修理など）、印刷契約書、保守契約書、清掃請負契約書、広告契約書、俳優出演契約書などがあります。

3 ワンポイントアドバイス
　請負は、仕事の完成を内容とする点において、所有権の移転を目的とする売

買と区別されますが、ある契約が請負と売買のどちらに該当するか判断に迷う場合があります。

このような場合、ある契約が請負であるか売買であるかは、契約当事者の意思が仕事の完成に重きをおいているか、所有権の移転に重きをおいているかによって判別することとし、具体的には次のように取り扱います。

契 約 の 内 容	区分	具 体 例
注文者の指示に基づき、一定の仕様又は規格等に従い、製作者の労務により工作物を建設することを内容とするもの	請負	家屋の建築、道路の建設、橋りょうの架設
製作者が、工作物をあらかじめ一定の規格で統一し、これに価格を付して注文を受け、その規格に従い工作物を建設し、供給することを内容とするもの	売買	建売住宅の供給 （物品の売買に関する契約書は不課税文書）
注文者が材料の全部又は主要部分を提供（有償、無償を問いません。）し、製作者がこれによって一定物品を製作することを内容とするもの	請負	生地提供の洋服仕立て、材料支給による物品の製作
製作者の材料を用いて、注文者の設計又は指示した規格等に従い、一定物品を製作することを内容とするもの	請負	船舶、車両、機械、家具等の製作、洋服等の仕立て
あらかじめ一定の規格で統一された物品を、注文に応じ製作者の材料を用いて製作し、供給することを内容とするもの	売買	カタログ又は見本による機械、家具等の製作 （物品の売買に関する契約書は不課税文書）
一定の物品を一定の場所に取り付けることにより所有権を移転することを内容とするもの（※）	請負	大型機械の取付け
修理又は加工することを内容とするもの	請負	建物、機械等の修理、塗装、物品の加工

※ 取付け行為が簡単であって、特別の技術を要しないものは、「売買」として取り扱います。
（例） テレビアンテナ等、家庭用電気器具の取付け

4 非課税文書

記載された契約金額が1万円未満のもの

ただし、第2号文書と第3号から第17号文書とに該当する文書で第2号文書に所属が決定されるものは、記載された契約金額が1万円未満であっても非課税文書となりません。

5 軽減税率

作成年月日や請負の内容により、印紙税額が軽減されます。

2-6 第3号文書

約束手形又は為替手形

Q 第3号文書について教えてください。

A 1 約束手形又は為替手形の意義
「約束手形」又は「為替手形」とは、手形法の規定により約束手形又は為替手形として効力を有する証券をいいます。

また、振出人等が、後日その取得者に補充記載させる意思をもって、手形要件（手形金額、支払期日など）の全部又は一部を記載しないで振り出した手形（これを「白地手形」という。）も、約束手形又は為替手形に該当します。

2 ワンポイントアドバイス

白地手形については、次のような取扱いがあります。
(1) 手形金額を記載しないで振り出した「金額白地の手形」は、印紙税はかかりません（非課税）が、その手形に後で金額を記入したときに手形を作成したものとみなされ、印紙税が課税されます。

この場合の手形の作成者（納税義務者）は、その手形に金額を記入した者です。
(2) 引受人が先に署名押印して振り出した手形（振出人の署名のない白地手形）は、その引受人がその手形を振り出した時に印紙税を納付しなければなりません。

3 非課税文書
(1) 記載された手形金額が10万円未満のもの
(2) 手形金額の記載のないもの
(3) 手形の複本又は謄本

2-7　第4号文書

> 株券、出資証券若しくは社債券又は投資信託、貸付信託、特定目的信託若しくは受益証券発行信託の受益証券

第4号文書について教えてください。

1　主な用語の意義
(1)　株券

「株券」とは、株主権を表彰する有価証券をいい、会社法（平17年法律第86号）によって一定の事項を記載することとされています。

法定記載事項の一部を欠くものであっても、株券としての効用を有する限り、印紙税法上は株券として取り扱われます。

(2)　出資証券

「出資証券」とは、次に掲げるものをいいます。

イ　基金証券（相互会社（保険業法第2条に規定する相互会社をいいます。）が、基金拠出者に交付する基金拠出者の権利を表彰する証券）

ロ　合名会社の出資証券

ハ　合資会社の出資証券

ニ　合同会社の出資証券

ホ　特別法に基づく法人の出資証券

　　ただし、特定の者が作成する出資証券については非課税となります。

ヘ　その他の法人の出資証券

ト　投資信託及び投資法人に関する法律に規定する投資証券

第2章 主な課税文書の取扱い

(3) 社債券

「社債券」とは、会社法の規定による社債、特別の法律により法人の発行する債券及び相互会社の社債券に限られていますので、学校法人又はその他の法人が資金調達の方法として発行する、いわゆる学校債券等を含みません。

なお、特別の法律により法人の発行する債券とは、具体的には、株式会社商工組合中央金庫法の規定により株式会社商工組合中央金庫が発行する商工債券、農林中央金庫法の規定により農林中央金庫が発行する農林債券、放送法の規定により日本放送協会が発行する放送債券など会社法以外の法律の規定により発行する債券がこれに当たります。

(4) 投資信託、貸付信託、特定目的信託若しくは受益証券発行信託の受益証券

イ 投資信託の受益証券

「投資信託の受益証券」とは、投資信託及び投資法人に関する法律における投資信託のうち、委託者指図型投資信託について、投資信託委託会社が発行する証券で、信託資金を投資家（受益者）が分配請求できる権利等を表彰したものをいいます。

ロ 貸付信託の受益証券

「貸付信託の受益証券」とは、貸付信託法に基づいて信託銀行が募集した信託資金を、貸付け又は手形割引等の方法で運用し、その収益について、受益者が分配請求できる権利等を表彰したものをいいます。

ハ 特定目的信託の受益証券

「特定目的信託」とは、不動産、指名金銭債権及びその他の財産権により構成される特定の資産を信託財産として、この管理又は処分により得られる金銭の分配を行うことを目的とし、かつ、信託契約の締結時点において委託者が有する信託の受益権を分割し、受益証券を発行することにより複数の者に取得させることを目的とする信託であり、「特定目的信託の受益証券」とは、この信託による運用収益について受益者が分配請求できる権利等を表彰したものをいいます。

87

ニ　受益証券発行信託の受益証券

　　「受益証券発行信託」とは、受益証券を発行する旨の定めがある信託のことをいいます。

　　受益証券の証券化は、信託法の制定までは特別法（貸付信託法等）の規定による場合に限定されていましたが、同法の制定により信託行為一般の受益権も証券化することができるようになりました。

　　この証券化したものを「受益証券発行信託の受益証券」といいます。

2　非課税文書

(1)　法別表第一・課税物件表の「非課税物件」欄に定める出資証券

(2)　法別表第一・課税物件表の「非課税物件」欄に定める投資信託の受益証券

(3)　額面株式の株券の無効手続に伴い新たに発行する株券

第2章 主な課税文書の取扱い

 第5号文書

合併契約書又は吸収分割契約書若しくは新設分割計画書

 第5号文書について教えてください。

A 1 主な用語の意義
(1) 合併契約書

「合併契約書」とは、会社法第748条に規定する株式会社、合名会社、合資会社及び合同会社が行う合併契約及び保険業法第159条第1項に規定する相互会社と他の相互会社又は保険業を含む株式会社が行う合併契約を証する文書をいいます。

(2) 吸収分割契約書

「吸収分割契約書」とは、会社法第757条に規定する株式会社又は合同会社が吸収分割を行う場合の吸収分割契約を証する文書をいいます。

(3) 新設分割計画書

「新設分割計画書」とは、会社法第762条第1項に規定する株式会社又は合同会社が新設分割を行う場合の新設分割計画を証する文書をいいます。

2 ワンポイントアドバイス

合併契約又は吸収分割契約若しくは新設分割計画（以下「合併契約等」という。）の内容を変更又は補充する文書のうち、会社法又は保険業法において合併契約等で定めることとして規定されていない事項、例えば、労働契約の承継に関する事項等についてのみを変更又は補充する文書は、印紙税法における「合併契約等の変更又は補充の事実を証するもの」には該当しません。

2-9 第6号文書

定款

 第6号文書について教えてください。

A 1 主な用語の意義
(1) 定款

「定款」とは、株式会社、合名会社、合資会社、合同会社又は相互会社の設立の際に作成される定款の原本をいいます。

このうち、株式会社及び相互会社の定款については、公証人の認承がその効力の発生要件となっており、公証人が保存する1通のみが定款の原本となります。

また、公証人の認承を必要としない合名会社、合資会社及び合同会社の定款についても、原本1通のみが課税の対象となります。

(2) 変更定款

株式会社又は相互会社を設立するに際し、公証人の認証を受けた定款の内容を変更する場合、改めて変更後の定款の規定を全文記載した書面により公証人の認証を受けることとすれば、その原本は、印紙税法上の定款に該当します。

2 非課税文書

株式会社又は相互会社の定款のうち公証人法の規定により公証人の保存するもの以外のもの

第2章 主な課税文書の取扱い

2-10 第7号文書

継続的取引の基本となる契約書

Q 第7号文書の範囲について教えてください。

A 1 継続的取引の基本となる契約書の意義

「継続的取引の基本となる契約書」とは、特定の相手方との間において継続的に発生する取引の基本となる契約書のうち、次に掲げるものをいいます。

なお、継続的取引の基本となる契約書に該当しないものであっても、その記載されている内容により、例えば、運送に関する契約書（第1号の4文書）や請負に関する契約書（第2号文書）に該当する場合があります。

(1) 特約店契約書

特約店契約書のように、営業者（注）の間において、売買、売買の委託、運送、運送取扱い又は請負に関する2以上の取引を継続して行うため、当該2以上の取引に共通して適用される取引条件のうち目的物の種類、取扱数量、単価、対価の支払方法、債務不履行の場合の損害賠償の方法又は再販売価格のうちの1以上の事項を定める契約書（電気又はガスの供給に関するものを除く。）をいいます。

（注）　営業者とは、法別表第一第17号文書の非課税物件における営業を行う者をいいます。

(2) 代理店契約書

代理店契約書のように、両当事者（営業者には限りません。）間において、売買に関する業務、金融機関の業務、保険募集の業務又は株式の発行若しくは名義書換えの事務を継続して委託するため、その委託される業務又は事務

の範囲又は対価の支払方法を定める契約書をいいます。

(3) 銀行取引約定書

　銀行取引約定書のように、金融機関から信用の供与を受ける者と当該金融機関との間において、債務の履行について包括的に履行方法その他の基本的事項を定める契約書をいいます。

(4) 信用取引口座設定約諾書

　信用取引口座設定約諾書のように、金融商品取引業者又は商品先物取引業者とこれらの顧客との間において、有価証券又は商品の売買に関する2以上の取引（有価証券の売買にあっては、信用取引又は発行日決済取引に限ります。）を継続して委託するため、その取引に共通して適用される取引条件のうち、受渡しその他の決済方法、対価の支払方法又は債務不履行の場合の損害賠償の方法を定める契約書をいいます。

(5) 保険特約書

　保険特約書のように、損害保険会社と保険契約者との間において、2以上の保険契約を継続して行うため、これらの保険契約に共通して適用される保険要件のうち、保険の目的の種類、保険金額又は保険料率を定める、いわゆるオープンポリシーの契約書をいいます。

2 期間的要件

　上記1の要件を満たす契約書のうち、その契約書に記載された契約期間が3か月以内であり、かつ、更新の定めのないものは、第7号文書に該当しません。

　具体的には、次に掲げるものが、第7号文書となります。

(1) 契約期間の定めのないもの

> 例
> 本契約は、×××1年4月1日より効力を有するものとする。

(2) 3か月を超える契約期間の定めがあるもの

> 例
> 本契約の有効期間は、×××1年4月1日から1年間とする。

(3) 契約期間は3か月以内であるが、更新の定めが記載されており、更新後の

第2章　主な課税文書の取扱い

期間を加えると３か月を超えるもの

> **例**
>
> 本契約の有効期間は、×××1年４月１日から×××1年６月30日までとする。
>
> ただし、甲乙いずれにも異議なき場合には、更に３月延長するものとする。

　なお、この契約期間は、その文書に記載されているかどうかによって判断することになりますから、例えば、「契約期間は、○年○月○日付の基本契約の期間とする。」と記載されていて、引用した基本契約書の契約期間が、仮に３か月以内であっても、その文書は契約期間の定めのないものとなります。

2-11 第8号文書

> 預貯金証書

> **Q** 第8号文書について教えてください。

A 1 預貯金証書の意義

「預貯金証書」とは、銀行その他金融機関等で法令により預金又は貯金業務を行うことができる者が、預金者又は貯金者との間において、金銭消費寄託契約（預金契約）の成立を証明するために作成する免責証券をいいます。

なお、労働基準法や船員法の規定により預金を受け入れた場合に作成する勤務先預金証書も第8号文書に該当します。

2 主な文書例

第8号文書に該当する文書例としては、定期預金証書、積立定期預金証書、自動継続定期預金証書、通知預金証書、別段預金証書などがあります。

3 ワンポイントアドバイス

預金証書に類似したものとして「積金証書」と呼ばれるものがあります。

積金証書は、積金の受入れをすることができる金融機関と顧客との間における定期積金契約の成立を証する証書をいいます。

積金は、期限を定めて、定期又は一定の期間内に数回にわたって金銭を受け入れ、満期日に利息を計算することなく、一定の金額を支払うというものであり、預貯金と性格を異にするものですので、積金証書は第8号文書に該当せず、また、金融機関が顧客のために金銭を保管することを約したものではありませんから、第14号文書（金銭の寄託に関する契約書）にも該当しません。

4　非課税文書

　次に掲げる金融機関が作成する預貯金証書で、これに記載された金銭の預入額が1万円未満のものは、非課税とされています。

⑴　信用金庫連合会

⑵　労働金庫及び労働金庫連合会

⑶　農林中央金庫

⑷　信用協同組合及び信用協同組合連合会

⑸　農業協同組合及び農業協同組合連合会

⑹　漁業協同組合、漁業協同組合連合会、水産加工業協同組合及び水産加工業協同組合連合会

2-12　第9号文書

倉荷証券、船荷証券、複合運送証券

 第9号文書について教えてください。

A 主な用語の意義
(1) 倉荷証券

「倉荷証券」とは、商法第600条の規定に基づき、倉庫営業者が寄託者の請求によって作成するもので、倉庫営業者が寄託貨物を受領したことを証し、これと引換えに寄託貨物を引き渡すこととされているもの、すなわち倉庫営業者に対する寄託貨物の返還請求権を表彰する有価証券をいいます。

(2) 船荷証券

「船荷証券」とは、商法第757条の規定に基づき、海上運送物について、海上運送人又は船長が、荷送人又は傭船者の請求により運送物品を受け取ったことを証し、陸揚港において、これと引換えに運送物品を引き渡すために作成する海上運送物品の引渡請求権を表彰する有価証券をいいます。

(3) 複合運送証券

「複合運送証券」とは、商法第769条の規定に基づき、運送人又は船長が陸上運送及び海上運送を一の契約で引き受けたときに運送物品を受け取ったことを証し、到着地においてこれと引換えに運送物品を引き渡すために作成する運送物品の引渡請求権を表彰する有価証券をいいます。

2−13　第10号文書

> 保険証券

Q 第10号文書について教えてください。

A 保険証券の意義

　「保険証券」とは、保険会社等（保険者）が、保険契約の成立を証明するため、保険法第6条第1項、第40条第1項又は第69条第1項その他の法令の規定により保険をかけた者（保険契約者）に交付する書面（保険契約者からの再交付の請求により交付するものを含み、保険業法第3条第5項第3号に掲げる保険に係る保険契約その他一定の保険契約に係るものを除く。）をいいます。

　また、自動車損害賠償保障法に定める自動車損害賠償責任保険（自賠責）に関する保険証券は、法別表第三（非課税文書の表）により非課税とされています。

2-14　第11号文書

信用状

　第11号文書について教えてください。

主な用語の意義
1　信用状

「信用状」とは、銀行が輸入業者又は海外旅行者の依頼に応じ、他の取引銀行に対して、書面に定める者（特定の者）に一定額の金銭の支払をすることを委託する内容の支払委託証書をいい、この信用状には、大きく分けて商業信用状と旅行信用状の2種類がありますが、その法律的性質については同一とされています。

信用状というと、一般的に貿易に使われる商業信用状を指しますが、第11号文書には商業信用状に限らず旅行信用状も含まれます。

2　商業信用状

「商業信用状」とは、船積した商品の代金を信用状発行銀行が輸入業者に代わって支払うべきことを保証した証書をいいます。

なお、既に発行されている商業信用状について、その金額、有効期限、数量、単価、船積期限、船積地又は仕向地等を変更した場合に銀行が発行する「商業信用状条件変更通知書」は課税文書に該当しません。

3　旅行信用状

「旅行信用状」とは、旅行者が旅行先において発行銀行又は発行銀行が指定した銀行あてに振り出した一覧払手形を買い取ることを、発行銀行の本支店及び取引銀行に依頼し、その手形の支払を保証したものをいいます。

第12号文書

信託行為に関する契約書

 第12号文書について教えてください。

 主な用語の意義
1　信託行為

「信託行為」とは、信託法第2条《定義》の規定による信託行為をいいます。

ここにいう信託とは、金銭、有価証券又は不動産などの財産権を他人（受託者）に移転し、当該他人（受託者）をして一定の目的に従い、財産の管理又は処分を行わせることを内容とした契約をいいます。

信託法によると、信託は、契約又は遺言によって設定されることとされていますが、遺言による信託行為は、遺言が単独行為であり、それを証する文書は契約書には該当しませんから、第12号文書として課税となるのは、契約により信託を設定する場合の契約書のみとなります。

2　信託行為に関する契約

「信託行為に関する契約」とは、信託法に規定する信託設定行為のうち、委託者と受託者との間の契約によるものをいいますが、これには信託証書を含むとされています。

2-16 第13号文書

債務の保証に関する契約書

 第13号文書について教えてください。

A 1 主な用語の意義
　(1) 債務の保証

「債務の保証」とは、主たる債務者がその債務を履行しない場合に保証人がこれを履行することを債権者に対して約することをいいます。

債務の保証には、次のような特殊なものがありますが、これらはいずれも第13号文書における債務の保証に含まれます。

① 連帯保証

　保証人が主たる債務者と連帯して保証するもの

② 根保証（信用保証）

　継続的な商品売買取引等の契約関係から、将来、不特定に生じる多数の債務（将来増減する債務額を一定の限度まで保証すること等）を保証するもの

③ 共同保証

　同一の主たる債務について数人が保証債務を負担するもの

④ 賠償保証

　債権者が主たる債務者から弁済を受け得なかった部分についてのみ保証するもの

⑤ 求償保証

　主たる債務者が保証人に対して負担する、その償還すべき債務を保証するもの

⑥　副保証

　　保証債務についてのみ更に保証するもの

(2) 主たる債務の契約書に併記したもの

　主たる債務の契約書（課税文書であるかどうかは問いません。）に保証契約事項を併記したものは、第13号文書から除かれます。

　なお、併記した保証契約を変更又は補充する契約書及び契約の申込文書に併記した債務の保証契約書については、債務の保証契約のみが記載されていることになりますから、第13号文書に該当します。

2　非課税文書

　(1)　身元保証に関する法律に定める身元保証に関する契約書

　(2)　病院と患者との間で入院の際に作成する身元証明書

　(3)　学校と学生との間で入学の際に作成する身元証明書

2-17　第14号文書

> 金銭又は有価証券の寄託に関する契約書

Q 第14号文書について教えてください。

A 　**1　寄託の意義**
　「寄託」とは、当事者の一方（受寄者）が相手方（寄託者）のために物（受寄物）を保管することを約してこれを受け取ることによって成立する契約をいいます。
　また、寄託契約には、「混合寄託」及び「消費寄託」も含まれます。
　混合寄託とは、寄託を受けた者（受寄者）が複数の寄託者から保管を委託された同種、同等の物を混合して保管することができ、これと同数量のものを返還すればよいものです。
　消費寄託とは、受寄者が受寄物を消費することができ、これと同種、同等、同量の物を返還すればよいもので、預貯金がその代表的なものです。
　印紙税法では、寄託契約のうち、金銭と有価証券の寄託契約書だけを課税することとしていますから、物品の寄託契約書は課税されません。

2　ワンポイントアドバイス
　金融機関が、預金として金銭を受け入れた際に作成する「預り証」等で、その記載文言から金銭の寄託を証明することが明らかなものは、第14号文書として課税されます。
　一方、単に金銭の受領事実のみを証明する目的で作成するものは、第17号文書（金銭等の受取書）として課税されます。
　具体的には、次のようなものが第14号文書となります。

① 預り証、預金取次票など金銭の寄託を証明する目的で作成される名称を用いており、かつ、預金として金銭を受領したことが明らかなもの
② 受取書、受領証などの名称が付されているが、受託文言、預金の口座番号や利率など寄託契約に結びつく事項が記載されているもの

2-18　第15号文書

債権譲渡又は債務引受けに関する契約書

 第15号文書について教えてください。

1　主な用語の意義
(1)　債権譲渡

「債権譲渡」とは、債権をその同一性を失わせないで旧債権者から新債権者（債権譲受人）へ移転させることをいいます。

また、債権とは、他人をして将来財貨又は労務を給付させることを目的とする権利をいいます。

なお、債権譲渡は、債権者と譲受人との間の契約であって債務者はこの契約の当事者にはなりませんから、印紙税法上の作成者（納税義務者）にもなりません。

しかしながら、債務者も当該契約書を所持する場合には、債権者及び譲受人が作成者となる課税文書に該当します。

(2)　債務引受け

「債務引受け」とは、債務をその同一性を失わせないで旧債務者から新債務者（債務引受人）へ移転させることをいい、旧債務者が自己の債務を免れる「免責的債務引受」及び債務引受人が債務者と連帯して、債務者が債権者に対して負担する債務と同一の内容の債務を負担する「併存的債務引受」がこれに含まれます。

また、「債務引受けに関する契約」とは、第三者が債権者との間において債務者の債務を引き受けることを約するものをいい、債権者の承諾を条件と

して第三者と債務者との間において債務者の債務を引き受けることを約するものを含みます。

2 主な文書例

第15号文書に該当する文書例としては、債権譲渡契約書、債務引受契約書などがあります。

3 非課税文書

記載された契約金額が1万円未満のもの

2-19　第16号文書

配当金領収証、配当金振込通知書

 第16号文書について教えてください。

1　主な用語の意義
(1)　配当金

「配当金」とは、株式会社の剰余金の配当に係るものをいいますが、株式会社の中間において支払われる中間配当金や合併交付金のうち剰余金配当の調整手段として支払われるものも配当金に含まれます。

(2)　配当金領収証

「配当金領収証」とは、配当金領収証その他名称のいかんを問わず、配当金の支払を受ける権利を表彰する証書又は配当金の受領の事実を証するための証書をいい、配当金支払副票を添付することによって配当金の支払を受けることができるものも含まれます。

なお、株主が会社から直接配当金の支払を受けた際に作成する受取書は、配当金領収証ではなく、金銭の受取書（第17号文書）に該当します。

(3)　配当金振込通知書

「配当金振込通知書」とは、配当金振込票その他名称のいかんを問わず、配当金が銀行その他の金融機関にある株主の預貯金口座その他の勘定に振込済みである旨を株主に通知する文書をいいます。

2　非課税文書

記載された配当金額が3,000円未満のもの

第2章 主な課税文書の取扱い

 2-20 第17号文書

金銭又は有価証券の受取書

 第17号文書の範囲について教えてください。

A 1 主な用語の意義
(1) 金銭又は有価証券の受取書

「金銭又は有価証券の受取書」とは、金銭又は有価証券の引渡しを受けた者が、その受領事実を証明するため作成し、その引渡者に交付する証拠証書をいいます。

したがって、金銭又は有価証券の受取書は、金銭又は有価証券の受領事実を証明する全ての文書をいうことになりますから、その文書の表題、形式的な記載文言に必ずしも「受取書」と記載されている必要はなく、また、関係法律の規定、当事者間の了解又は商慣習等によって受取事実を証明すると認められるものも含まれます。

なお、印紙税の課税の対象となるのは、金銭又は有価証券の受取書に限られますから、例えば物品の受取書などは課税文書となりません。

(2) 有価証券

印紙税法に規定する「有価証券」とは、財産的価値ある権利を表彰する証券であって、その権利の移転、行使が証券をもってなされることを要する次のようなものをいい、金融商品取引法（昭23年法律第25号）に定める有価証券に限りません（基通60）。

〈例〉 株券、国債証券、地方債証券、社債券、出資証券、投資信託の受益証券、貸付信託の受益証券、特定目的信託の受益証券、受益証券発行信託の受益

107

証券、約束手形、為替手形、小切手、倉荷証券、船荷証券、商品券、プリペイドカード、社債利札等

2　非課税文書

(1)　記載された受取金額が5万円未満（平成26年3月31日までは3万円未満）の受取書

(2)　営業に関しない受取書

(3)　有価証券又は第8号文書（預貯金証書）、第12号文書（信託行為に関する契約書）、第14号文書（金銭又は有価証券の寄託に関する契約書）若しくは第16号文書（配当金領収証等）に追記した受取書

2-21 売上代金に係る金銭等の受取書

Q 第17号文書（金銭又は有価証券の受取書）のうち、売上代金に係る金銭等の受取書の範囲等について教えてください。

A　1　売上代金とは

「売上代金」とは、資産を譲渡し若しくは使用させること（当該資産に係る権利を設定することを含む。）又は役務を提供することによる対価をいいます。

なお、この対価には手付けも含みます。

(1) 資産を譲渡することの対価

資産は有形、無形を問いませんから、商品、備品等の流動資産、固定資産、無体財産権その他の資産を譲渡する場合の対価をいいます。

〈例〉商品の売上代金、事業用資産の売却代金、手形割引の代金、特許権等の無体財産権の譲渡代金、売掛金等の債権の譲渡代金

(2) 資産を使用させることの対価

動産、不動産、無体財産権その他の権利を他人に使用させることの対価をいいます。

〈例〉土地、建物等の賃貸料、事務機器等のリース料、貸付金の利息、特許権等の無体財産権の使用料

(3) 資産に権利を設定することの対価

資産を他人に使用させる場合等に、当該資産に設定される権利の対価をいいます。

〈例〉地上権、地役権の設定に伴う対価、土地、建物の賃貸借契約に伴う権利金、無体財産権の実施権又は使用権を設定する場合の権利料

(4)　役務を提供することの対価

　　請負契約、運送契約、委任契約、寄託契約などのように労務、便益、その他のサービスを提供する場合の対価をいいます。

　　〈例〉工事請負代金、修理代金、宿泊料、広告料、出演料、運送料、事務委託料、委任報酬、情報提供料、荷物保管料、仲介料、技術援助料

2　売上代金の受取書の範囲

　印紙税法上は、次のような受取書も売上代金の受取書となります。

(1)　受取金額の一部に売上代金を含む受取書は、売上代金の受取書となります。

　〈例〉建物賃貸料（30万円）と敷金（90万円）の受取書（※受取金額を区分して記載していないものは、120万円の売上代金の受取書となり、400円の印紙が必要です。）

(2)　受取金額の全部又は一部が売上代金であるかどうかが、その受取書の記載事項により明らかにされない受取書は、売上代金の受取書とみなされます。

(3)　売上代金の受領について委託を受けた者が、委託者に代わって売上代金を受領する場合に作成する受取書は、売上代金の受取書となります。

(4)　(3)の場合の委託者が、受託者から回収代金を受領する場合に作成する受取書は、売上代金の受取書となります。

(5)　売上代金の支払の委託を受けた者が、委託者から支払資金を受領する場合に作成する受取書は、売上代金の受取書となります。

2-22 売上代金以外の金銭等の受取書

 第17号文書（金銭又は有価証券の受取書）のうち、売上代金以外の金銭等の受取書の範囲等について教えてください。

1 売上代金以外の金銭又は有価証券の受取書

金銭又は有価証券を受け取る場合で、印紙税法上の売上代金以外のものとして作成される受取書については、第17号の2文書として定額税率（200円）が適用されます。

なお、印紙税法上「売上代金」に該当しないものとしては、本来的に売上代金に該当しないものと、売上代金に該当するが印紙税法上、特に売上代金の範囲から除外しているものとがあります。

2 本来的に売上代金に該当しないもの

売上代金は、資産の譲渡、資産の使用、役務の提供の対価をいいますので、対価性を有するものでなければ売上代金にはなりません。

そこで、対価性のないものにはどのようなものがあるかを考えてみれば、売上代金に該当しないものの範囲が明らかとなります。

> 例
> ①担保物としての受領　②保険金の受領　③借入金の受領
> ④割戻金の受領　⑤損害賠償金の受領

3 売上代金から除外されるもの

資産の譲渡の対価等、印紙税法上、売上代金に該当するもののうち、次に掲げるものは印紙税法上、売上代金から除外しています。

(1) 有価証券の譲渡の対価

金融商品取引法第2条に掲げる有価証券（国債証券、地方債証券、社債券、特別法人の出資証券、株券、投資信託又は貸付信託若しくは特定目的信託の受益証券

など）の譲渡の対価

(2) 保険料

　生命保険、損害保険等全ての保険の保険料

(3) 公債又は社債並びに預貯金の利子

　上記(1)に掲げた国債、地方債、社債券及び預貯金の利子がこれに該当します。

(4) 財務大臣と銀行等との間又は銀行等相互間で行われる対外支払手段又は外
　貨建債権の譲渡の対価

2−23 営業に関しない受取書

> Q 第17号文書（金銭又は有価証券の受取書）のうち、営業に関しないものについて教えてください。

印紙税法では別表第一、「課税物件表」（巻末の【表１】参照）の第17号文書の「非課税物件」欄において、営業に関しない受取書は、非課税であることを定めています。

1 営業とは

営業とは、利益を得る目的で同種の行為を反復継続して行うことをいいます。

2 営業に関しない受取書

次のような受取書は、営業に関しない受取書として非課税となります。

(1) 会社以外の法人で、利益金又は剰余金の配当又は分配をすることができる法人がその出資者との間で作成する受取書

〈例〉 事業協同組合、信用協同組合、協業組合、農業協同組合、信用金庫、火災共済協同組合、労働金庫、相互会社などの法人が出資者との間で作成する受取書

(2) 公益法人が作成する受取書

〈例〉 公益社団法人、公益財団法人、一般社団法人、一般財団法人が作成する受取書

(3) 非営利事業を目的とする人格のない社団が作成する受取書

〈例〉 公益及び会員相互間の親睦等の非営利事業を目的とする人格のない社団が作成する受取書

(注) その他の人格のない社団が収益事業に関して作成する受取書は、営業に関する受取書として課税対象となります。

⑷　農業従事者等が作成する受取書

〈例〉店舗その他これらに類する設備を有しない農業、林業又は漁業に従事する者が、自己の生産物の販売に関して作成する受取書

⑸　医師等が作成する受取書

〈例〉医師、歯科医師、歯科衛生士、保健師、はり師、きゅう師、柔道整復師などが業務上作成する受取書

⑹　弁護士等が作成する受取書

〈例〉弁護士、弁理士、公認会計士、計理士、司法書士、税理士、不動産鑑定士、土地家屋調査士、建築士、海事代理士などが業務上作成する受取書

⑺　法人組織の病院等が作成する受取書

〈例〉医療法（昭和23年法律第205号）第39条に規定する医療法人が作成する受取書

第2章 主な課税文書の取扱い

 2-24　第17号文書の記載金額

 第17号文書（金銭又は有価証券の受取書）の記載金額について教えてください。

A　1　売上代金と売上代金以外の金額とを併せて受け取った場合の受取書の記載金額

　受取書の金額を売上代金と売上代金以外の金額に文書上で明らかに区分することができるときは、売上代金に係る金額が記載金額となり、両者を区分することができないときはその合計金額が記載金額となります。

　例えば、事例1の受取書に「105万円也、ただし貸付金元金の返済金95万円、利息10万円、上記金額正に受け取りました」と記載された場合には、売上代金に係る金額である利息の金額10万円が記載金額となり、印紙税額は200円となります。

　これに対し、事例2のように「105万円也、上記金額正に受け取りました」と記載された場合には、売上代金に係る金額と売上代金以外の金額とに区分することができませんから、105万円が記載金額となり、印紙税額は400円となります。この取扱いは売上代金の受取書に対する税率の適用に関するものであり、その記載された受取金額が非課税文書となる5万円未満（平成26年3月31日までは3万円未満）であるかどうかについては、売上代金に係る金額と売上代金以外に係る金額との合計額によって判断します。税率の適用については、売上代金に係る金額に応じて行うことになり、この場合の記載金額は100万円以下（受取利息1万円）ですから、200円の収入印紙が必要となります。

　ただし、事例3のように「貸付金元金の返済金4万円、利息1万円、計5万円を正に受け取りました」と記載された受取書については、売上代金に係る金額である利息の金額は1万円と記載がありますが、その受取金額が5万円です

115

から、非課税文書にはなりません。

（事例１）

受　取　書
金　　　　105万円也
上記金額正に受け取りました
ただし、貸付金元金の返済金95万
円、利息10万円

（事例２）

受　取　書
金　　　　105万円也
上記金額正に受け取りました

（事例３）

受　取　書
金　　　　５万円也
上記金額正に受け取りました
ただし、貸付金元金の返済金４万
円、利息１万円

2　受取金額を特定することができる場合の受取書の記載金額

　売上代金として受け取る金銭又は有価証券の受取書の記載金額については、基本的にその文書に記載された受取金額が記載金額となります。

　しかしながら、受取書に受取金額を記載しないものであっても、その受け取る有価証券を特定するための文言を記載したり、受取金額の記載がある支払通知書、請求書等を特定するための文言等（例えば、文書の名称、発行者の名称、発行の日、記号、番号など）を記載することにより、受取金額を明らかにすることができるものは、その明らかにできる受取金額が記載金額となります。

2-25　第18号文書

> 預貯金通帳、信託行為に関する通帳、銀行若しくは無尽会社の作成する掛金通帳、生命保険会社の作成する保険料通帳又は生命共済の掛金通帳

第18号文書について教えてください

1　主な用語の意義

(1)　預貯金通帳

　銀行等が預貯金者との間における継続的な預貯金の受払い等を連続的に付け込んで証明する目的で作成する通帳をいいます。

　なお、会社等が従業員から預金を受け入れた場合に作成する勤務先預金通帳や社内預金通帳も、ここにいう預貯金通帳に該当します。

(2)　信託行為に関する通帳

　信託会社が信託契約者との間における継続的な財産の信託関係を連続的に付け込んで証明する目的で作成する通帳をいいます。

(3)　銀行又は無尽会社の作成する掛金通帳

　銀行又は無尽会社が、掛金契約者又は無尽掛金契約者との間における掛金又は無尽掛金の受領事実を連続的に付け込んで証明する目的で作成する通帳をいいます。

(4)　生命保険会社の作成する保険料通帳

　生命保険会社が、保険契約者との間における保険料の受領事実を連続的に付け込んで証明する目的で作成する通帳をいいます。

(5)　生命共済の掛金通帳

　　農業協同組合又は同連合会が、「人の死亡若しくは生存のみを共済事故と
　する共済」又は「人の死亡若しくは生存と人の廃疾若しくは傷害等とを共済
　事故とする共済」に係る契約に関し作成する掛金通帳をいいます。

2　非課税文書

(1)　信用金庫、労働金庫、農業協同組合等が作成する預貯金通帳

(2)　所得税法第9条第1項第2号（非課税所得）に規定するこども銀行の代
　表者名義で受け入れる預貯金に係る預貯金通帳

(3)　所得税法第10条（障害者等の少額預金の利子所得等の非課税）の規定によ
　りその利子につき所得税が課税されないこととなる普通預金に係る通帳

(4)　納税準備預金通帳

第2章 主な課税文書の取扱い

2-26 第19号文書

> 金銭の受取通帳等で第1号、第2号、第14号又は第17号に掲げる文書により証されるべき事項を付け込んで証明する目的をもって作成する通帳（第18号に掲げる通帳を除く。）

Q 第19号文書について教えてください。

A 1 金銭の受取通帳等の範囲

金銭の受取通帳等（第19号文書）とは、次に掲げる文書により証されるべき事項のうち1又は2以上を付け込んで証明する目的をもって作成する通帳で、第18号文書（預貯金通帳等）に該当しないものをいいます。

なお、これら以外の事項を付け込んで証明する目的で作成する通帳は、第18号文書に該当するものを除き、課税文書には該当しません。

① 第1号文書（不動産等の譲渡、地上権又は土地の賃借権の設定又は譲渡、消費貸借及び運送に関する契約書）
② 第2号文書（請負に関する契約書）
③ 第14号文書（金銭又は有価証券の寄託に関する契約書）
④ 第17号文書（金銭又は有価証券の受取書）

2 主な文書例

第19号文書に該当するものは次のとおりです。

(1) 請負通帳

発注会社と受注会社との間の請負契約の成立を連続して付け込んで証明する請負通帳は、第2号文書により証されるべき事項を付け込んで証明するための通帳ですから、第19号文書に該当します。

⑵　家賃領収通帳

アパート等の賃貸建物の所有者がその賃借人から一定期間ごとに家賃の支払を受ける場合にその受領事実を連続して付け込んで証明する家賃領収通帳は、第17号文書により証されるべき事項を付け込んで証明するための通帳ですから、第19号文書に該当します。

（注）　私立学校、各種学校、学習塾等が、授業料等の納入を受けた際、その受領事実を月謝袋、学生証、授業料納入袋等に連続して付け込んで証明するものは、課税文書に該当しないものとして取り扱われます。

3　通帳への付込みであっても契約書等の作成とみなされる場合

第19号文書である通帳に、第1号文書、第2号文書又は第17号の1文書によって証されるべき事項が付け込まれた場合で、その事項に係る記載金額が次に掲げる金額であるときは、その付け込まれた部分については通帳への付込みがなく、それぞれ第1号文書、第2号文書又は第17号の1文書の作成があったものとみなされます。

①　第1号文書により証されるべき事項については、10万円を超える金額

②　第2号文書又は第17号の1文書により証されるべき事項については、100万円を超える金額

第2章 主な課税文書の取扱い

(例：請負通帳)

契約年月日	注 文 内 容	数 量	単 価	価 格	納 期	請 印
×××1.3.2	金属メッキ加工	300	240	72,000	×××1.3.9	印
×××1.3.9	〃	200	260	52,000	×××1.3.15	印
×××1.4.1	〃	1,000	1,156	1,156,000	×××1.4.8	印
×××1.4.5	〃	1,000	240	240,000	×××1.4.15	印
×××1.4.11	〃	1,200	1,100	1,320,000	×××1.4.20	印
×××1.4.15	〃	500	520	260,000	×××1.4.20	印

　この部分については、記載金額が100万円を超えるため、請負通帳への付込みとはならず、請負に関する契約書の作成とみなされます。したがって、それぞれ第2号文書の税率が適用され、別途400円の収入印紙を貼る必要があります。

121

2−27　第20号文書

判取帳

Q 第20号文書について教えてください。

A 1　判取帳の範囲
　　判取帳とは、第1号、第2号、第14号又は第17号に掲げる文書により証されるべき事項につき2以上の相手から付込み証明を受ける目的をもって作成する帳簿をいいます。

（表紙）

判　取　帳

商店

（表紙うら）

| 付込印紙 | 自　年月日
至　年月日 | 付込印紙 | 自　年月日
至　年月日 | 付込印紙 | 自　年月日
至　年月日 |

（次葉）

年月日	住　　所	氏　名	領収印	金　額	摘　要

第2章 主な課税文書の取扱い

2 主な文書例

(1) 配当金支払帳

　法人が株主へ利益配当金を現金で支払う場合に、その明細を記して株主の印章又はサインを徴するために会社に備え付けている配当金支払帳は、配当金の受領事実つまり第17号の2文書により証されるべき事項を2以上の相手から付込み証明を受ける目的をもって作成する帳簿ですから、第20号文書に該当します。

(2) 諸給与一覧表

　事業主が従業員に対し、諸給与の支払をした場合に、従業員の支給額を連記して、これに領収印を徴する諸給与一覧表等は、課税しないこととされています。

(3) 団体生命保険契約の配当金支払明細書

　きょ出制（加入者各自が保険料を負担するもの）の団体生命保険契約に基づいて、配当金を団体の代表者が受領し、これを加入者各人に分配する際にその配当金の受領事実を証明する目的で加入者からの受領印を徴する配当金支払明細書は、課税しないこととされています。

3 判取帳への付込みであっても契約書等の作成とみなされる場合

　判取帳に、第1号文書、第2号文書又は第17号の1文書によって証されるべき事項が付け込まれた場合で、その事項に係る記載金額が次に掲げる金額であるときは、その付け込まれた部分については判取帳への付込みがなく、それぞれ第1号文書、第2号文書又は第17号の1文書の作成があったものとみなされます。

① 　第1号文書により証されるべき事項については、10万円を超える金額

② 　第2号文書又は第17号の1文書により証明されるべき事項については、100万円を超える金額

第3章

印紙税の課否判定事例

3-1 無体財産権の範囲

 第1号の1文書として無体財産権の譲渡に関する契約書が掲げられていますが、この無体財産権の範囲等について説明してください。

　A　一般的に無体財産権は、物権及び債権を除いたところの財産権として用いられていますが、印紙税法では、特許権、実用新案権、商標権、意匠権、回路配置利用権、育成者権、商号及び著作権の8種類のものに限って無体財産権ということとされています。

1　特許出願権等の譲渡

　特許出願権やノウハウなどこれら以外の無体財産権は、印紙税法上の無体財産権ではないため、これを譲渡する契約書を作成しても、課税文書には該当しません。

　なお、「特許権として登録された場合には譲渡する」ことを内容とする契約書は、特許権そのものの譲渡を約する（予約契約又は条件付契約）ものですから、第1号の1文書に該当します（実用新案権、商標権、意匠権及び回路配置利用権においても同様に取り扱われます。）。

2　使用許諾に関する取扱い

　第1号の1文書（無体財産権の譲渡に関する契約書）は、無体財産権そのものを他人に譲渡することを内容とする契約書ですから、無体財産権を利用できる権利（実施権又は使用権）を譲渡することを内容とする契約書は、課税文書には該当しません。

種　　　類	範　　　　　囲
特　　許　　権	特許法（昭34年法律第121号）第66条《特許権の設定の登録》の規定により登録されたものをいいます。
実 用 新 案 権	実用新案法（昭34年法律第123号）第14条《実用新案権の設定の登録》の規定により登録されたものをいいます。
商　　標　　権	商標法（昭34年法律第127号）第18条《商標権の設定の登録》の規定により登録されたものをいいます。
意　　匠　　権	意匠法（昭34年法律第125号）第20条《意匠権の設定の登録》の規定により登録されたものをいいます。
回路配置利用権	半導体集積回路の回路配置に関する法律（昭60年法律第43号）第3条《回路配置利用権の設定の登録》の規定により登録されたものをいいます。
育 成 者 権	種苗法（平10年法律第83号）第19条《育成者権の発生及び存続期間》の規定により登録されたものをいいます。
商　　　　号	商法（明32年法律第48号）第11条《商号の選定》及び会社法（平17年法律第86号）第6条《商号》に規定する商号をいいます。
著　　作　　権	著作権法（昭45年法律第48号）の規定に基づき著作者が著作物に対して有する権利をいいます。

3-2 開発業務委託契約書（著作権移転型）

Q　当社（甲）は、コンピュータ会社（乙）に販売業務に係るプログラム及びそのデータの開発を委託するに当たり、次の開発業務委託契約書を作成することとしています。

この契約書は、印紙税法上、どのように取り扱われますか。

開発業務委託契約書

甲株式会社（以下「甲」という。）と乙株式会社（以下「乙」という。）とは、以下に定義する成果物に関し、次のとおり、本契約を締結する。

第1条　乙は、甲乙の協議により定める日までに、甲が企画し、乙で定めた仕様に従って乙が開発した共同成果物（販売業務に係るコンピュータプログラム及びそのデータ。以下「成果物」という。）を甲に納品する。

第2条　乙は、本件成果物に関して、自己の創作に係るものであって第三者の著作権その他の権利を侵害するものではないことを甲に保証する。

第3条　甲は、乙より納品を受け検収を完了した本件成果物の開発代金について、納品日の翌月末に小切手で乙に支払う。

第4条　成果物に係る一切の著作権は乙より甲に移転するものとし、乙は以後甲又は甲の指定するものに対し著作者人格権の主張を一切行わないものとする。

　　　年　　　月　　　日

　　　　　　　　　　　　　　　　　　　　　甲　株式会社　㊞
　　　　　　　　　　　　　　　　　　　　　乙　株式会社　㊞

第3章 印紙税の課否判定事例

A　　ご質問の開発業務委託契約書は、貴社とコンピュータ会社との間で、成果物であるコンピュータプログラム及びそのデータを受託者であるコンピュータ会社が自ら完成し、委託者である貴社はその成果物の納品を受けることにより、開発代金を支払うことを定めたものですから、第2号文書（請負に関する契約書）に該当します。

　また、第4条に成果物の著作権は、受託者であるコンピュータ会社から貴社へ移転することが定められていますから、第1号の1文書（無体財産権の譲渡に関する契約書）にも該当します。

　したがって、第1号の1文書及び第2号文書の課税事項に該当し、いずれについても契約金額の記載がありませんから、通則3ロの規定により第1号の1文書に所属が決定され、印紙税額は200円となります。

3-3 ソフトウェア使用許諾契約書

 当社（甲）は、ソフトウェア製作会社（乙）との間において、乙が著作権を有するコンピュータ・ソフトウェアの使用許諾を受けることを定めた次のソフトウェア使用許諾契約書を作成することとしています。
この契約書は、印紙税法上、どのように取り扱われますか。

ソフトウェア使用許諾契約書

甲株式会社（以下「甲」という。）と乙株式会社（以下「乙」という。）とは、以下のとおり合意する。

第1条（使用許諾）
　① 乙は甲に対し、本契約の各条項に従うことを条件に、甲内部でのデータ処理業務のためだけに、本ソフトウェアを使用できる非独占的な使用権を許諾する。
　② 甲は以下の行為を行うことができる。
　　一 ライセンス期間中、指定サイトにおいて、本ソフトウェアを使用すること。
　　二 障害時バックアップの目的に必要かつ合理的な部数の本ソフトウェアの複製物を作成すること。
　③ 甲は、乙に書面による許諾なく、本ソフトウェアを一切改変してはならない。
第2条（引渡及び検収）
　① 乙は甲に対し、以下の引渡日に、指定サイトにおいて、本ソフトウェアを甲に引き渡す。
　　　引渡日　　　年　月　日
　② 甲は、前項に定める引渡日から20日以内に、本ソフトウェアが仕様に適合するか否か検収を実施する。検収の結果、仕様に適合しないものと甲が

> 判断した場合には、検収完了から20日以内に、甲は乙に対し、合理的な理
> 由を記載した書面により通知しなければならない。通知がなされなかった
> 場合には、引渡しは完了したものとみなす。
>
> **第3条（ライセンス料）**
> 　　甲は乙に対し、以下の日程に従い、本ソフトウェアの使用許諾の対価（消
> 費税込）を支払う。
>
> 　　　　　年　月　日　金　　　　　円
> 　　　　　　　　　　　　（以下省略）
> 　年　　月　　日
>
> 　　　　　　　　　　　　　　　　　　甲　株式会社　㊞
> 　　　　　　　　　　　　　　　　　　乙　株式会社　㊞

Ａ　ソフトウェアは、著作権法によって「プログラムの著作物」として保護されており、複製などの行為については、著作権者に独占権を認めています。

このため、ソフトウェアを使用するには、通常、複製行為がどうしても付随することから、他者のソフトウェアを使用する場合、そのソフトウェアについての著作権を有している者から、使用許諾を受け、複製することとなります。

印紙税法は、著作権などの無体財産権の譲渡に関する契約書を第1号の1文書として課税の対象としています。

ご質問のソフトウェア使用許諾契約書は、乙社が貴社に対し、単にソフトウェアの利用を認めるにすぎず、著作権を譲渡することまで約していません。したがって、第1号の1文書（無体財産権の譲渡に関する契約書）には該当せず、また、他に課税事項の記載もないことから、課税文書には該当しません。

3−4 キャラクター使用許諾契約書

Q 当社（甲）は、自社が著作権を有するキャラクター「○○○」を乙社が販売するゲームソフトのキャラクターとして利用することを許諾するに当たり、次のキャラクター使用許諾契約書を作成することとしています。

この契約書は、印紙税法上、どのように取り扱われますか。

キャラクター使用許諾契約書

甲株式会社（以下、「甲」という。）と乙株式会社（以下、「乙」という。）は、次のとおり契約を締結する。

第1条（本契約の趣旨）

本契約は、甲乙間において締結された「キャラクター使用に関する　　年　月　日付覚書」に基づき、その詳細を定めるために締結するものである。

第2条（ライセンス）

甲は、乙に対して、甲がライセンス供与の権利を有するキャラクター「○○○」を、乙が販売する「ゲームソフト」のキャラクターとして利用する権利を許諾する。乙は、キャラクター「○○○」を乙の意図する構図にて新規に書き起こし、ゲームソフトのパッケージ等の広報媒体に使用することができる。

第3条（対価）

乙は、甲に対し、第2条の対価として、以下のとおり支払う。

① イニシャルペイメントとして、　　　　円。

② ランニング・ロイヤリティとして、出荷されたゲームソフト1製品当たり、ゲームソフトの標準価格の　％。

第4条（支払方法）

前条の対価の支払方法は、以下のとおりとする。

① イニシャルペイメントは、　　年　月　日限り、一括で、甲の指定する銀行口座に振り込んで支払う。

② ランニング・ロイヤリティについては、四半期ごとにゲームソフトの出荷数

第3章 印紙税の課否判定事例

> 量を集計して甲に報告し、集計月の翌月末日までに甲の指定する銀行口座に振り込んで支払う。
>
> **第5条（契約期間）**
>
> 本件契約の契約期間は、　　　年　月　日から　　　年　月　日とする。
>
> **第6条（契約終了時の処理）**
>
> 本契約が終了した場合において、乙がゲームソフトの在庫を有する場合には、乙は、甲に対し第3条に規定するランニング・ロイヤリティと同率を支払うことにより、ゲームソフトの在庫分を頒布することができる。
>
> （中　略）
>
> 　年　月　日
>
>
>
> 甲　株式会社　㊞
>
> 乙　株式会社　㊞
>
>

印紙税法では、無体財産権の譲渡に関する契約書を第1号の1文書として課税の対象としています。この無体財産権とは、特許権、実用新案権、商標権、意匠権、回路配置利用権、育成者権、商号及び著作権をいいます。

ところで、ご質問のキャラクター使用許諾契約書は、甲がキャラクター「○○○」の著作権を有するものですが、著作権の使用を乙に許諾することを内容とするものであり、著作権自体を譲渡するものではありません。

したがって第1号の1文書（無体財産権の譲渡に関する契約書）には該当せず、また、他に課税事項の記載もないことから、課税文書には該当しません。

3-5 譲渡担保設定契約書

 当社（甲）は、金銭消費貸借契約に基づく債務の履行を確保するため、債務者である乙社が所有するソフトウェアの著作権を譲渡担保の目的物として債権者である甲社に差し入れることを定めた次の譲渡担保設定契約書を作成することとしています。
この契約書は、印紙税法上、どのように取り扱われますか。

譲渡担保設定契約書

甲株式会社（以下「甲」という。）と乙株式会社（以下「乙」という。）は、次のとおり譲渡担保設定契約を締結する。

第1条（ソフトウェアの譲渡担保権設定）
1　乙は、　　年　月　日付金銭消費貸借契約書に基づく債務の履行を確保するため、甲に対し、別紙（省略）記載のソフトウェア等（以下「本件ソフトウェア」という。）の著作権を担保として譲渡する。
2　乙は、本件ソフトウェアについて譲渡担保権設定後も本件ソフトウェアについての複製物の製造・販売・代金回収等の業務を行えるものとする。

第2条（清算方法）
1　甲は、乙より債務の完済を受けた場合には、甲はその受領と引換えに本件ソフトウェアの著作権を乙に無償で譲渡するものとする。
2　乙が前条第1項の債務の完済、清算を行わない場合には、甲は残存債権額に自己の立て替えた乙の負担すべき費用を加算した額について、甲の選択する方法により清算を行うものとする。
3　前項の場合、乙は前条第2項に定める本件ソフトウェアの製造・販売・代金回収等の業務を直ちに停止しなければならない。

以上契約の証として、本契約書2通を作成し、甲乙記名押印の上、各1通を所持する。

第3章 印紙税の課否判定事例

```
     年    月    日


                   貸主・譲渡担保権者        甲  株式会社  ㊞
                   借主・譲渡担保権設定者      乙  株式会社  ㊞
```

　　譲渡担保は、債務者が有する財産の所有権を債権者に譲渡（移転）
する形式で行う担保設定の方法であり、譲渡担保の契約書が印紙税法
上の課税文書となるかどうかは、譲渡担保の目的物が課税物件表の課税事項の
対象であるかどうかで判断することになります。

　具体的には、譲渡担保の目的物が、不動産や特許権などの無体財産権である
場合は、第1号の1文書として課税されますが、その目的物が動産である場合
は、課税文書とはなりません。

　ご質問の譲渡担保設定契約書は、著作権を担保物として譲渡することを内容
とするものであり、著作権は、印紙税法上の無体財産権に含まれますので、第
1号の1文書（無体財産権の譲渡に関する契約書）に該当します。

　また、譲渡担保の契約書の場合における記載金額は、弁済により消滅するこ
ととなる債務の金額となりますが、この契約書には、具体的な金額が記載され
ていませんので、契約金額の記載がないものとなり、印紙税額は200円となり
ます。

3-6 プログラム著作権譲渡契約書

 当社(甲)は、自社が所有するプログラムに関する著作権及び著作隣接権を乙社に譲渡するに当たり、次のプログラム著作権譲渡契約書を作成することとしています。
この契約書は、印紙税法上、どのように取り扱われますか。

プログラム著作権譲渡契約書

甲株式会社(以下「甲」という。)と、乙株式会社(以下「乙」という。)とは、甲の所有に係るプログラム著作権等を乙に譲渡するに当たって、次のとおり契約する。

第1条(目的)
　甲は乙に対して、甲の所有の○○システムに係るプログラム(以下「本件プログラム」という。)及び関連資料(以下「本件関連資料」という。)に関する著作権(著作隣接権を含む。)(以下「本件著作権」という。)を譲渡し、乙は、これを譲受する。

第2条(本件著作権の譲渡及び対価)
　① 甲は乙に対して、本件プログラム及び本件関連資料の複製物を乙の指示に従って納入する。
　② 本件著作権の譲渡の対価は5,000,000円(税込)とする。

第3条(登録)
　① 甲は乙のために、本件著作権の移転登録申請を行う。
　② 前項の登録申請費用は、甲が全額負担する。

第4条(著作者人格権)
　① 乙は、甲が本件プログラム及び本件関連資料の著作者であり、著作者人格権を有することを確認する。
　② 甲に帰属する著作者人格権が第三者により侵害された場合に、乙からの請求により、甲は当該侵害者に対し著作者人格権を行使する。

第5条(保証)
　① 甲は乙に対して、本件プログラムが本件仕様どおりであることを保証する。
　② 本件プログラムが本件仕様どおりでないことが判明したときは、甲は乙の要

請に従って必要な改訂・修補を行う。

③　前項により発生する新たな著作権は全て乙に帰属する。

④　甲は乙に対し、本件著作権の正当な所有権者は乙単独であることを保証する。

第6条（信義則）　　　　　　　　（中　略）

　以上、本契約成立の証として、本書2通を作成し、甲乙記名捺印のうえ、各1通を保有する。

　　　年　月　日

　　　　　　　　　　　　　　　　　　　　　　甲　株式会社　㊞
　　　　　　　　　　　　　　　　　　　　　　乙　株式会社　㊞

A　印紙税法では、無体財産権の譲渡に関する契約書を第1号の1文書として課税の対象としています。

　この無体財産権とは、特許権、実用新案権、商標権、意匠権、回路配置利用権、育成者権、商号及び著作権をいいます。

　ご質問のプログラム著作権譲渡契約書は、プログラムに係る著作権を譲渡することを内容とするものですから、第1号の1文書（無体財産権の譲渡に関する契約書）に該当します。

　また、この契約書上、著作権の譲渡対価500万円には、印紙税法上の無体財産権に該当しない著作隣接権の対価が含まれていますが、著作権と著作隣接権の対価が文書上明らかにされていませんから、総額の500万円が記載金額となり、印紙税額2,000円となります。

3-7 雇用著作契約書

Ｑ 当社（甲）は、自社が行うソフトウェアの開発について、プログラマーである乙を雇用するとともに、乙が甲の業務に従事する際の著作権の帰属及び業務上の機密の保持に関する事項を定めた次の雇用著作契約書を作成することとしています。

この契約書は、印紙税法上、どのように取り扱われますか。

雇用著作契約書

甲株式会社（以下、「甲」という。）と乙とは、甲がソフトウェア開発のために乙を雇用し、乙が甲の業務（以下、「本件業務」という。）に従事するに際し、以下のとおり合意する。

第1条（著作者）

甲及び乙は、乙が本件業務に従事する過程で、単独又は第三者と共同で創作した著作物（以下、「本件著作物」という。）の著作者は甲であって、甲が自己の名で公表することのできるものであることを確認する。

第2条（著作権等の帰属）

甲及び乙は、本件著作物についての著作権、著作者人格権その他の一切の権利は甲に帰属し、乙は何らの権利を有しないことを確認する。

第3条（業務上の機密）

本契約において業務上の機密とは、甲が乙に貸与した物件（文書、図案、テープ等を含む。）に記載された事項並びに乙が本件業務遂行中に知り得た有形無形の技術的、営業的、その他一切の知識をいう。

第4条（機密の保持）

乙は、業務上の機密を甲のため以外に使用してはならず、第三者に漏洩してはならない。

また、乙は甲より貸与された物件について、その利用目的終了の都度、速やかに甲に返却するものとする。

第3章 印紙税の課否判定事例

第5条（有効期間）

　本契約の有効期間は、本件業務終了後1年間とする。

（中　略）

　以上、本契約成立の証として、本書2通を作成し、甲乙記名押印のうえ、双方各1通を保有する。

　　年　月　日

甲　株式会社　㊞

乙　　　　　　㊞

　　A　印紙税法では、無体財産権の譲渡に関する契約書を第1号の1文書として課税の対象としています。この無体財産権には、著作権が含まれます。

　ところで、使用者の業務に従事する者が業務上作成する著作物で、著作者につき使用人との間で別段の定めがない場合には、著作者は使用者となり（著作権法第15条）、著作権は使用者が有することになります（著作権法第17条）。

　ご質問の雇用著作契約書は、第1条で著作物の著作者は貴社であること、また、第2条で著作権等は貴社に帰属することとされていますが、これらは、著作権法に定められた事項を確認的に記載したもので、著作権の譲渡を約すものではありませんので課税事項には該当しません。

　したがって、この契約書は、第1号の1文書（無体財産権の譲渡に関する契約書）に該当せず、他に課税事項の記載もないことから、課税文書に該当しません。

3-8 不動産購入申込書

Q この申込書は、建売住宅の購入申込者が、2部複写の方法により所要事項を記載して販売会社へ提出し、うち1部に販売会社の宅地建物取引主任の氏名（押印を含む。）を記載して購入申込者に返却するものですが、別途売買契約書を作成することが記載されていますから、いずれも課税文書に該当しないと考えてよいのでしょうか。

申込日　年　月　日

不動産購入申込書

　私は貴社から下記表示物件を「不動産購入申込承諾条件」を了承して買い受けたいので、申込証拠金￥100,000を添えて申し込みます。

（物件の表示）　　市　　区　　町　丁目　番　号

　〇〇株式会社　殿

　　　　　　　　申込者　　住　所　　市　　区　　町　丁目　番地

　　　　　　　　　　　　　氏　名　　　　　　　　　　　　　㊞

「不動産購入申込承諾条件」

　〇〇株式会社（以下「会社」という。）は、下記条件で不動産購入申込みを承諾するものとします。

記

第1条（申込証拠金）

① 不動産購入申込者（以下「申込者」という。）は、申込みと同時に申込証拠金として、土地付建物1棟につき￥100,000を会社宛支払うものとし、会社は不動産購入申込書と申込証拠金を受領したとき、申込みを承諾します。

② 申込者が申込物件について、会社と売買契約を締結したときは申込証拠金を手付金の一部に充当します。

第2条（売買契約締結期限）

　申込者は、申込日から起算して7日以内に、別途会社と売買契約を締結するものとします。

第3章 印紙税の課否判定事例

第3条（承諾の取消）

　申込者が第2条の期限までに前条の売買契約を締結しないときは、会社は第1条
①の承諾を取消すことができ、申込者に申込証拠金を全額返還します。ただし、利
息はこれを付さないものとします。

　　　　　　　　　　　　○○株式会社
　　　　　　　　　　　　宅地建物取引主任者　登録番号＿＿＿＿＿＿＿＿＿＿＿
　　　　　　　　　　　　　　　　　　　　　　氏　　名　　　　　　　　　⑪

Ａ　ご質問の申込書のうち、販売会社が保存するものについては、申込
　　書を受理することによって自動的に契約が成立することになっていま
すが、別途売買契約書を作成することが記載されていますから、印紙税法上の
契約書としては取り扱われません。

　また、申込者が保存するものについては、販売会社が申込みに対する承諾事
実を証明して申込者に交付するものですから、第1号の1文書（不動産の譲渡
に関する契約書）に該当します。

　なお、申込証拠金は、契約金額ではありませんから、記載金額にはなりませ
んが、物件の表示欄等に不動産の金額を記載している場合には、その記載金額
に応じて所要の印紙税を納付することになります。

3-9　売渡証書

Q　この売渡証書は、売り渡した不動産の売渡代金の受領事実を記載して、売主から買主に差し入れるものですが、印紙税法上、どのように取り扱われますか。

売　渡　証　書

金30,000,000円也

　私所有に係る末尾記載の不動産を上記金額にて、貴殿に売り渡し、正に代金領収いたしました。
　本物件につき、抵当権、質権、地上権、貸借権等所有権の行使を阻害すべき権利の設定及び義務の負担なきは勿論租税公課の滞納等は全くなく、万一これらの瑕疵及び負担有る場合は、直ちに私において処理し、貴殿に対しては些かも御迷惑おかけいたしません。後日のため、売渡証書を差し入れます。

（中　略）

　　　年　月　日

〔買主〕
　　　市　　区　　町　　丁目　　番地
　甲　株式会社　　代表取締役　　　　　殿
〔売主〕
　　　市　　区　　町　　丁目　　番地
　乙　株式会社　　代表取締役　　　　　㊞

記
（不動産の表示）
1　　市　　区　　町　　丁目　　番地【宅地：1,000平方メートル】
2　　市　　区　　町　　丁目　　番地【田（畑）：500平方メートル】

第3章 印紙税の課否判定事例

Ａ　一般的に、売渡証書は、登記をする際に、売主が改めて売渡物件を表示して、その売渡事実を証明し、併せて代金の受領事実を記載し買主に交付するものですが、たとえ、別に不動産の売買契約書を作成している場合であっても、不動産の譲渡に関する契約書として課税されることとなり、売渡証書、売渡証明、念書その他名称のいかんを問いません。

ところで、ご質問の売渡証書は、不動産の譲渡に関する契約書として第1号の1文書（不動産の売買に関する契約書）に該当するとともに売上代金に係る金銭の受取書として第17号の1文書（売上代金の係る金銭等の受取書）にも該当しますが、契約金額の記載がありますから、通則3イの規定により、第1号の1文書になります。

記載金額は、記載された契約金額である3,000万円、印紙税額は6,000円となります。

3-10　土地賃貸借契約書

> **Q** 当社（乙）では、営業所を新設するため、子会社（甲）所有の土地を賃借するに当たり、子会社との間において次の土地賃貸借契約書を作成することとしています。
> この契約書は、印紙税法上、どのように取り扱われますか。

土地賃貸借契約書

　　　　賃貸人　　（甲）
　　　　賃借人　　（乙）
当事者間において、土地の賃貸借をするため次のとおり契約する。
第1条　賃貸人（甲）は、その所有する下記表示の土地を賃借人（乙）に賃貸しその使用をなさしめることを約し、賃借人（乙）はこれを賃借し所定の賃料を支払うことを約した。
　　　　　　　　　　　　記
　　　物件所在地　　県　　市　　町　　丁目　　番　　号
　　　土地の面積　　100平方メートル
第2条　賃料は、1平方メートルにつき1か月金5,000円の割りにて、合計金50万円とし、賃借人は毎月　　日限り賃貸人の住所に持参して支払うものとする。
第3条　乙は、甲に対し権利金として金200万円也を　　年　月　日までに支払わなければならない。
第4条　賃貸借契約の期間は、この契約締結の日より　年　月　日迄の30年間とする。
　　　　但し、契約期間満了2か月前に双方協議の上期間を更新することができる。
　　　　　　　　　　　（中　略）
　以上の契約を証するため本契約書を2通を作成し、甲及び乙は署名押印して各1通を保有する。
　　　　　　年　　月　　日
　　　　　　　　　　　　　　　賃　貸　人　　（甲）　　　　㊞
　　　　　　　　　　　　　　　賃　借　人　　（乙）　　　　㊞

第3章 印紙税の課否判定事例

A　ご質問の契約書は、貴社と子会社との間での土地の賃貸借の成立を内容とするものです。

　印紙税法は、土地の賃借権の設定に関する契約書を第1号の2文書（土地の賃借権の設定に関する契約書）として課税の対象としています。この土地の賃借権とは、民法第601条に規定する賃貸借契約により設定される権利で、賃借人が賃貸人の土地（地下又は空間を含む。）を使用収益することを内容とするものをいいます。

　ところで、土地の賃借権の設定に関する契約書の記載金額は、その契約の設定の対価となる金額、すなわち、権利金その他名称のいかんを問わず、契約に際して相手方に交付し、後日において返還されることが予定されていない金額です。

　すなわち、後日返還されることが予定されている保証金、敷金等や契約成立後における使用収益上の対価である賃貸料は記載金額とはなりません（基通23(2)）。

　したがって、ご質問の土地賃貸借契約書は、後日において返還されない権利金200万円の授受が定められていますから、記載金額200万円の第1号の2文書に該当し、印紙税額は2,000円となります。

145

3-11　駐車場使用契約書

> **Q** 当社は、駐車場として土地を賃貸するため、借主との間で次の駐車場使用契約書を作成することとしています。
> この契約書は、印紙税法上、どのように取り扱われますか。

駐車場使用契約書

1．土地の表示
2．地　　積　　　　　　　　　　　　　　　　　　平方メートル
3．賃　借　人
4．賃　貸　料　　（1か月）金1万円也
5．契約期間　　　　年　月　日より　　年　月　日までとする。
6．保　証　金　この契約締結の際、賃借人は保証金として金10万円也を賃貸人に支払い、賃貸人はこれを受領した。
　　　　　　　上記保証金額は、この契約が終了するとき、賃料未払その他損害ある場合はこれを控除した残金を賃貸人より賃借人に返済し、利息はつけないものとする。
　　　　　　　　　　　（以下省略）

第3章　印紙税の課否判定事例

　　Ａ　　ご質問の駐車場使用契約書は、土地を賃貸借することについて定め
　　　　たものですから、第1号の2文書（土地の賃借権の設定に関する契約書）
に該当します。

　また、この契約書には、保証金の受領文言があるため、賃借人が所持するも
のについては、保証金の受領事実を証明する文書として、第17号の2文書（売
上代金以外の金銭の受取書）にも該当しますが、この場合、通則3イの規定によ
り第1号の2文書に所属が決定されます。

　なお、第1号の2文書の記載金額は、目的物（土地）の使用収益の対価とし
ての賃貸料ではなく、賃借権の設定のための対価、すなわち権利金、名義変更
料、更新料等、後日において返還されることが予定されていないものの金額と
なります。

　したがって、この契約書にある賃貸料や保証金は、記載金額とはならず、記
載金額のない第1号の2文書に該当し、印紙税額は200円となります。

　なお、駐車場使用契約については、様々な形態のものがあり、おおむね次の
ように取り扱われます。

契　約　の　内　容	印紙税法上の取扱い
駐車場として使用するための土地を賃貸借するもの	第1号の2文書（土地の賃借権の設定に関する契約書）に該当します。
車庫を貸すもの	車庫又は駐車場という施設の賃貸借契約ですから、課税文書には該当しません。
駐車場の一定の場所に特定の車両を有料で駐車させるもの	
車を寄託（保管）するもの	車の保管契約で、物品の寄託契約ですから、課税文書には該当しません。

147

3-12 借地権譲渡契約書

Q この契約書は、土地の購入に際し、借地権の譲渡について、土地の所有者を含めた三者間で締結することとしているものですが、印紙税法上、どのように取り扱われますか。

借地権譲渡契約書

甲株式会社（以下「甲」という。）と下記の土地の所有者乙株式会社（以下「乙」という。）及び土地の借地権者丙株式会社（以下「丙」という。）との間に、次の契約を締結する。

第1条　丙は、土地に有する借地権を甲に譲渡し、甲はこれを譲り受けるものとする。
第2条　甲は、譲り受ける借地権の代金として金5,000,000円也を丙に支払うものとする。
第3条　乙は、前2条に定める事項について、これを無条件で承認するものとする。
第4条　第2条の代金の支払いは、本契約締結後着手金として金1,000,000円也を、残額は当該土地の引渡しが乙から甲へなされた後、それぞれ丙の請求により支払うものとする。

以上、本契約を証するため、本証書3通を作成し、甲乙丙署名押印の上、各自1通を所持する。

　　年　月　日

　　　　　　　　　　　　　　　　　　　　（甲）甲　株式会社　㊞
　　　　　　　　　　　　　　　　　　　　（乙）乙　株式会社　㊞
　　　　　　　　　　　　　　　　　　　　（丙）丙　株式会社　㊞

記

（土地の表示）　　市　区　町　丁目　番地

第3章 印紙税の課否判定事例

A 「借地権」とは、地上権又は土地の賃借権をいうものとされており、契約書上、地上権であるか土地の賃借権であるかが明らかでない場合は、土地の賃借権とみるのがより合理的と認められますので、地上権であるか土地の賃借権であるかが判明しないものは、土地の賃借権として取り扱われます。

ところで、ご質問の借地権譲渡契約書は、借地権の譲渡について、譲渡代金、譲渡代金の支払方法などを定めるものですが、地上権であるか賃借権であるか明らかでないことから、土地の賃借権の譲渡と認められ、第1号の2文書（土地の賃借権の譲渡に関する契約書）に該当します。

また、土地の賃借権は、債権であることから、第15号文書（債権譲渡に関する契約書）にも該当しますが、通則3イの規定により、第1号の2文書に所属が決定され、契約金額は500万円となり、印紙税額は2,000円となります。

なお、納税義務者は、借地権の譲渡の当事者である譲受者（甲）と譲渡者（丙）になりますが、土地の所有者（乙）が所持する文書も課税文書になります。

3-13 住宅資金借用証書

Q 当社では、従業員に対して住宅購入資金の貸付けを行っており、住宅資金を借り受けた従業員から次の住宅資金借用証書の交付を受けています。
この借用証書は、印紙税法上、どのように取り扱われますか。

住宅資金借用証書

株式会社 ○○
　代表取締役社長　　　　殿

　　　　　　一金　5,000,000円也

　住宅資金として上記金額を借用いたしました。
　なお、借入れに当たっては、住宅融資規定を遵守するほか、元利金については毎月50,000円を給与天引の方法により返済します。借受人が債務を履行しないときは、規定の定めるところによって、保証人が連帯して返済いたします。

　　年　月　日

　　　　　　　　　　　　　　　　　借　受　人　　　　㊞
　　　　　　　　　　　　　　　　　連帯保証人　　　　㊞

A ご質問の住宅資金借用証書は、貴社の従業員と連帯保証人が署名押印し、貴社に差し入れるものですが、貴社と貴社の従業員との間の住宅資金の貸付け、すなわち金銭消費貸借契約の成立を内容とする文書ですから、印紙税法上の契約書に該当します。

ところで、同一法人の部内又は本店・支店の間で、事務の整理上作成する文書は、第3号文書（約束手形等）又は第9号文書（倉荷証券等）に該当する場合を除き、その作成者が同一であることから、印紙税は課税されません。

しかしながら、金銭消費貸借契約においては、貴社と従業員はそれぞれ独立した人格を有する者であり、同一法人内での事務の整理上作成する文書には当たりませんから、課税文書に該当します。

したがって、ご質問の住宅資金借用証書は、記載金額500万円の第1号の3文書（消費貸借に関する契約書）に該当し、印紙税額は2,000円となります。

なお、会社等の業務執行に関して給付される給料、出張旅費等の前渡しの際に作成する前借金領収書等で、社内規則等によって事務整理上作成することとされているものは、当該前貸金等を後日支給されるべき給料、旅費等によって相殺することとされているなど、消費貸借の性質を有するものであっても、第1号の3文書としては取り扱われません。

(注) 連帯保証については、主たる債務に併記されるものですから第13号文書（債務の保証に関する契約書）には該当しません。

〈参考〉 会社と社員の間で作成される文書で課税対象となるものには、社内預金を受け入れた際に作成する「預金預り証」、「受取書」、「社内預金通帳」等があります。

3-14　債務承認弁済契約書

> **Q** 当社は、取引先から事業資金として1億円借用しており、その弁済期限が到来しましたが，資金繰りがつかないため、弁済を一時猶予してもらうこととし、次の債務承認弁済契約書を作成しました。この契約書は、印紙税法上、どのように取り扱われますか。

債務承認弁済契約書

〔債権者〕　　　　　　　　　　　　　〔債務者〕

住所 ＿＿＿＿＿＿＿＿＿＿　　　　　住所 ＿＿＿＿＿＿＿＿＿＿

氏名 ＿＿＿＿＿＿＿＿㊞　　　　　　氏名 ＿＿＿＿＿＿＿＿㊞

第1条　債権者及び債務者は、　　年　月　日付金銭消費貸借契約書に基づき、
　　　　債務者に貸し渡した金1億円のうち、弁済未済金が　　年　月　日現在金
　　　　5,000万円であることを双方ともに確認した。

第2条　本件債務金については、年率　％の利息を付し、債務者は　　　年　月
　　　　日に債権者の住所に持参して返済するものとする。

第3条　　　年　月　日付の金銭消費貸借契約書については、本契約書により変
　　　　更を加えた部分を除くほかは、なお、従前の効力を有するものとする。

(以下省略)

第3章 印紙税の課否判定事例

A　ご質問の債務承認弁済契約書は、既に締結されている金銭消費貸借契約について、債務残高を確認するとともに債務の弁済方法を変更することを定めるものです。すなわち、原契約に定める債務の弁済方法を変更するもので変更契約書に該当し、また、債務の弁済方法は第1号の3文書（消費貸借に関する契約書）の重要な事項である契約金額の返還方法（巻末の【表2】参照）に該当しますから、原契約書と同一の第1号の3文書に該当します。

　なお、契約書に記載されている1億円は、既に成立している契約金額であり、また、5,000万円も債務残高ですから、この契約書によって新たに成立する契約金額ではありません。

　したがって、この契約書は、契約金額の記載のない第1号の3文書に該当し、印紙税額は200円となります。

　なお、同じような名称を用いた文書であっても、原契約書で契約金額の定めがない場合や、原契約が口頭契約であるような場合には、その文書によって契約金額を証明することになりますから、たとえ債務承認金額と表示されていても、単なる債務承認に係る金額とはいえず、契約金額の記載のある消費貸借契約書として取り扱われます。

153

3-15 建設協力金、保証金の取扱い

 当社(甲)は、当社が所有するビルを賃貸する際に、借主(乙)との間で次の建物賃貸借契約書を作成します。
　建物賃貸借契約書には、保証金などの取り決め方により、消費貸借契約書として印紙税が課されるものがあると聞きましたが、この契約書は、印紙税法上、どのように取り扱われますか。

建物賃貸借契約書

　甲株式会社(以下甲という。)と乙株式会社(以下乙という。)との間に、甲の建築する　　市　　区　　町　丁目　番地上のビル内の一部を乙が賃借するにつき、次のとおり建物賃貸借契約を締結する。

第1条　乙は建設協力金として甲に2,000万円也を差し入れる。
　　　　建設協力金は×××1年4月1日より10年間(無利息)据置き、据置期間経過後は15年間にわたり毎1か年終了日の属する月の末日に均等分割返還するものとする。
第2条　賃借料は月額500,000円也とする。
第3条　賃貸借の期間は×××1年5月1日から20年間とする。
　　　　　　　　　　　　(中　略)
×××1年4月1日

　　　　　　　　　　　　　　　　　　　　　　甲　株式会社　㊞
　　　　　　　　　　　　　　　　　　　　　　乙　株式会社　㊞

第3章 印紙税の課否判定事例

　　A　建物の賃貸借契約に際して、権利金や敷金などの金銭を授受する場合がありますが、権利金のように貸主に渡し切りになるものや、敷金のように賃貸料債権等を担保する目的のものは消費貸借契約の目的物とはなりません。

　しかしながら、建設協力金や保証金などで、ビル等の賃貸借期間に関係なく、一定期間据置き後一括返還又は分割返還することを約するものは、賃貸料債権等を担保する目的のみで授受されたものと認められず、消費貸借契約の目的物として判断されます。

　したがって、ご質問の契約書の場合、賃貸借期間に関係なく、建設協力金を10年間据え置いた上、15年間均等により分割返済するものですから、記載金額2,000万円の第1号の3文書に該当し、印紙税額は2万円となります。

3-16 借受金受領書

Q 私は、友人から事業資金1,000万円を返済期間２年、利息は年６分の約束で借り入れするに当たり、次の（事例１）又は（事例２）の借受金受領書を作成し、友人に交付することとしています。

これらの借受金受領書は、金銭の借入事実を証明する目的で作成するものですが、印紙税法上、どのように取り扱われますか。

（事例１）

借受金受領書

金壱千万円

※　但し、借入金として受領しました。

×××1年４月１日

氏名　　　　　　　　　　　㊞

　　　　　　殿

（事例２）

借受金受領書

金壱千万円

※　但し、借入金として受領しました。

※　×××3年３月31日までに返済し、利息は年６分とします。

×××1年４月１日

氏名　　　　　　　　　　　㊞

　　　　　　殿

156

第3章 印紙税の課否判定事例

A　作成された文書が課税文書に該当するかどうかは、文書の全体を一つとして判断するのみではなく、その文書に記載されている個々の内容についても判断するものとし、また、単に文書の名称又は呼称及び形式的な記載文言によることなく、その記載文言の実質的な意義に基づいて判断するものとされています（基通3①）。

　また、印紙税は文書課税であることから、文書上に表されていない事項、例えば、作成者の意図などを考慮して判断するのではなく、文書の記載事項に基づいて客観的に判断することになります。

　したがって、ご質問の事例1の借受金受領書は、当事者間では金銭の消費貸借の事実を証明する目的で作成された文書ですが、文書の記載事項からは、単に金銭の受取事実しか証明されないため、第17号の2文書（売上代金以外の金銭の受取書）に該当し、印紙税額は200円となります。

　一方、事例2の借受金受領書のように、借受金の返済期日又は返還方法若しくは利率等を記載しますと、文書の表題が借受金受領書となっていても、金銭の消費貸借の事実を証明するものと認められますので（基通第1号の3文書4）、記載金額1,000万円の第1号の3文書（消費貸借に関する契約書）に該当し、印紙税額は1万円となります。

157

借用証書（外国通貨により契約金額が表示されているもの）

> **Q** 当社（甲）は、親会社（乙）から、金銭を借り受けるに当たり、米ドル表示の借入金額、返済期限、利率及び弁済方法について定めた次の借用証書を作成することとしています。
> この借用証書は、印紙税法上、どのように取り扱われますか。

借用証書

甲株式会社は乙株式会社から、以下の条件で金銭を借り受ける。

第1条　契約内容
　　　　金　　額　500,000米ドル
　　　　期　　限　令和7年12月31日
　　　　利　　率　年2.5%
　　　　弁済方法　期限に一括返済

（中　略）

令和6年1月1日

　　　　　　　　　　　　甲　株式会社　㊞
　　　　　　　　　　　　乙　株式会社　㊞

第3章 印紙税の課否判定事例

A　ご質問の借用証書は、貴社と乙社との間での金銭消費貸借契約の成立を証明する目的で作成された文書ですから、第1号の3文書（消費貸借に関する契約書）に該当します。

ところで、印紙税法上、契約金額が外国通貨により表示されている場合は、文書作成日における基準外国為替相場又は裁定外国為替相場により本邦通貨である円に換算した金額が記載金額となります（通則4へ）。

したがって、ご質問の借用証書の記載金額は、作成日（令和6年1月1日）における1米ドルを150円で換算した金額75,000,000円（500,000米ドル×150円）となり、印紙税額は6万円となります。

なお、基準外国為替相場については、財務省告示第284号（平成21年7月17日付）を受け、平成21年12月（平成22年1月1日から平成22年1月31日までの間における適用分）から毎月公示されることとなりました。なお、これに併せて裁定外国為替相場も月次化されることとなりました。

基準外国為替相場及び裁定外国為替相場は、日本銀行のホームページ（https://www.boj.or.jp）で確認することができます。

159

3-18 極度貸付契約証書

 この極度貸付契約証書は、手形貸付の方法により、一定の金額の範囲内で反復して金銭を借用することについて定めているものですが、印紙税法上、どのように取り扱われますか。

極度貸付契約証書

年　月　日

株式会社　　　　銀行　御中

債　務　者　　　㊞
連帯保証人　　　㊞

第1条　債務者は、別に差し入れた銀行取引約定書の各条項を承認の上、貴行から次の要領により、手形貸付の方法をもって金員を借り受けることを約定しました。
1　金　　額　　極度金3億円　但し、借入の時期は貴行と協議の上定める
2　使　　途　　運転資金
3　契約期限　　　年　月　日
4　利　　率　　年　％　但し、365日日割計算とする
5　利払期日　　各手形の振出日
6　利払方法　　各借入口につき、初回は手形振出日から、以後は手形振出日の翌日からその手形の満期日までの分を前払すること
7　損　害　金　債務不履行の場合には、債務者は、弁済すべき金額に対し、年　％の割合に当る損害金（但し、365日日割計算とする）を支払うこと

（中　略）

第3章 印紙税の課否判定事例

> 第5条　保証人は、債務者が差し入れた第1条記載の銀行取引約定書の各条項を承
> 　　　認の上、この契約から生ずる一切の債務について、債務者と連帯し、債務者
> 　　　と保証人との保証委託契約の効力にかかわらず債務履行の責めを負います。
>
> 　　　　　　　　　　　　　　　　（以下省略）

A　ご質問の極度貸付契約証書は、金銭の貸付けを約するものですので、第1号の3文書（消費貸借に関する契約書）に該当します。

ところで、印紙税法では、あらかじめ一定の金額までの金銭の貸付けを約する極度（又は限度）貸付契約書における記載金額について、次のとおり取り扱われます。

① 一定の金額の範囲内で貸付けを反復して行うことを約するものである場合は、直接貸付金額を予約したものではありませんので、その一定の金額は記載金額にはなりません。

② 貸付累計額が一定の金額に達するまで貸し付けることを約するものである場合は、貸付けの予約金額の最高額を定めるものになりますので、その一定の金額は記載金額となります。

したがって、この極度貸付契約証書の第1条1に記載された金額は、貸付けの累計限度額を予約したものではなく、その金額の範囲内で貸付けを反復して行うことができる金額ですので、記載金額には該当せず、記載金額はないことになり、印紙税額は200円となります。

なお、連帯保証人についての事項は、主たる債務の契約書に併記された保証契約ですので、第13号文書（債務の保証に関する契約書）には該当しません。

3-19 覚書（借入金の利率を変更するもの）

Q　この覚書は、甲乙間で締結済みの金銭消費貸借契約書の利率を変更することについて定めているものですが、印紙税法上どのように取り扱われますか。

覚　書

　甲 株式会社と 乙 株式会社は、×××1年1月4日に締結した金銭消費貸借契約書（以下「原契約書」という。）の利率を、経済情勢の変化に伴い次のとおり変更する。
第1条　原契約に定めた利率年3％を×××1年5月1日より、年4％に引き上げる。
第2条　本日現在、貸借金額の残金は、20,000,000円也である。
第3条　前各条以外の条項については、原契約書のとおりとする。

　×××1年4月28日
　　　　　　　　　　　　　　　（以下省略）

《参考》原契約書

金銭消費貸借契約書

第1条　乙 株式会社（以下「乙」という。）は、甲 株式会社（以下「甲」という。）より次の要項に基づき、金員を借用する。
　　　1　金　　　額　　24,000,000円
　　　2　返済期限　　×××2年12月31日
　　　3　利　　　率　　年3％
　　　4　返済方法　　毎月1,000,000円
　　　5　利息支払方法　元本に併せて支払う
　　　　　　　　　（中　略）
第4条　乙は、甲が債権保全のために必要と認め請求したときは、直ちに甲の承認

> する担保又は増担保を差入れ、保証人を立て又はこれを追加するものとする。
> **第5条** 本契約から生ずる権利義務に関し訴訟を提起する場合は、専属管轄を除く
> 　　ほか、甲の所在地を管轄する裁判所にこれを提起する。
> **第6条** 丙は保証人となり乙と連帯して、かつ、乙丙間の保証委託契約の効力に拘
> 　　らず本件債務履行の責めに任ずる。
> **第7条** 乙及び丙は、甲が請求したときは、何時でも公証人に委嘱して本契約によ
> 　　る債務の承認並びに強制執行の認諾ある公正証書の作成に必要な手続をとる
> 　　ものとする。
>
> 　　　　　　　　　　　　　（中　略）
> ×××1年1月4日
>
> 　　　　　　　　　　　　（以下省略）

　　原契約書である金銭消費貸借契約書は、第1号の3文書（消費貸借に関する契約書）に該当します。また、ご質問の覚書は、その第1号の3文書の重要な事項である「利率」を変更することを約するものですので、原契約書と同様に第1号の3文書に該当します。

　ところで、この覚書に記載されている貸借金額の残金は、原契約書において既に確定している金額の残金であり、契約の成立等について証明しようとする金額ではありませんので、記載金額としては取り扱われません。

　したがって、この覚書の印紙税額は200円となります。

　なお、第1号の3文書の重要な事項については、基通別表第二「重要な事項の一覧表」（巻末の【表2】参照）で列挙（「利率」や「利息金額の支払方法、支払期日」など）しており、これらの事項を変更又は補充する契約書は、原契約書と同様に第1号の3文書となります。

3-20　会社と社員の間で作成される借入申込書等

Q これらの文書は、社員が「住宅購入資金等の社内貸付制度」を利用する際に、会社へ提出するものです。

社員はまず、①の「借入申込書」を提出し、社内審査で貸付けが認められた後、更に②「金銭借用証書」を提出することとしています。これらの文書は、印紙税法上、どのように取り扱われますか。

---

① 　　　　　　　　　　　　　　　xxx1年4月1日
借入申込書

○○株式会社
　代表取締役社長　殿
　　　　申込者　　　　　　　㊞

　下記のとおり借入れしたいので、申込みいたします。
　　　　　　記
1　申込金額　　5,000,000円
2　用　　途
3　連帯保証人　氏名　　　　　　㊞

---

② 　　　　　　　　　　　　　　　xxx1年5月1日
金銭借用証書

○○株式会社
　代表取締役社長　殿
　　　　申込者　　　　　　　㊞

下記金額を借用いたしました。
　　　　　　記
1　借入金額　　5,000,000円
2　用　　途
3　連帯保証人　氏名　　　　　　㊞
　　　　（以下省略）

A　法人の部内又は本支店間で、事務の整理上作成される文書は、作成
　　者の人格が同一ですから印紙税は課税されません。

　しかしながら、会社と社員との間で作成される文書については、それぞれ独
立した人格を有する者の間で作成されたものであり、法人内で作成する文書に
は当たらないことから、印紙税の課税対象となります。

　ご質問の①「借入申込書」は、単なる申込書であり、金銭消費貸借契約の成
立を証明するものではありませんが、これに併記した連帯保証人の事項は、保
証人となることを承認した者がその事実を証明するために、署名・押印するも
のですので、第13号文書（債務の保証に関する契約書）に該当し、連帯保証人
が納税義務者となります。

　次にご質問の②「金銭借用証書」は、借主（社員）が金銭を借り入れる際に、
借入金額等を記載して貸主（会社）に差し入れる文書ですので、第1号の3文
書（消費貸借に関する契約書）に該当します。

　なお、②「金銭借用証書」の連帯保証人の署名・押印は、主たる債務の契約
書（成立した消費貸借契約書）に併記したものですので、第13号文書に該当しま
せん。

3-21 貨物受取書

> Q 運送業を営む当社では、取引先から貨物運送の依頼を受け、運送物品を受け取った際に次の貨物受取書を交付しています。
> この貨物受取書は、印紙税法上、どのように取り扱われますか。

第3章 印紙税の課否判定事例

A　作成された文書が課税文書に該当するかの判断は、単に文書の名称や呼称のみによるのではなく、その文書の記載文言の実質的な意義に基づいて行いますので、たとえ運送貨物の受取書であっても、その記載内容によって取扱いが異なります。

　貨物の受領事実のみを記載したものは、物品の受取書として課税文書には該当しませんが、運送物品の種類、数量、運賃、発送地、到着地等、具体的な運送契約に係る事項を記載したものは、第1号の4文書（運送に関する契約書）に該当します。

　ご質問の文書は、表題が「貨物受取書」となっていますが、発地、着地、運送賃、荷送人及び荷受人など、運送契約の成立の事実を証する事項が記載されていますので、第1号の4文書に該当します。

　また、ご質問の文書における記載金額は、運送契約の対価の額である自動車運賃、その他作業料、保管料、その他料金、梱包作業料及びコンテナー使用料等の合計額となります。

　なお、運送保険料は、運送契約の対価ではありませんから、記載金額には含まれません。

3-22 車両賃貸借契約書

Q　当社（甲）は、運送業者（乙）に、自社製品の取引先までの運送業務を委託するに当たり、運送業者との間で次の車両賃貸借契約書を作成します。
この契約書は、印紙税法上、どのように取り扱われますか。

車両賃貸借契約書

甲株式会社（以下「甲」という。）と乙株式会社（以下「乙」という。）との間に甲の製品の運送について円滑な取引を行うために次のとおり契約する。
第1条　乙は自己の所有する自動車をもって、甲の指示に基づき運送業務に従事する。
第2条　甲は乙に対し次の料金を支払う。
　　①　基準料金　1か月走行3,000kmまで20万円
　　②　割増料金　1か月走行3,000kmを超過するときは、超過1kmにつき30円
第3条　乙は請求書を毎月末に締め切り、甲に提出し、甲は翌月10日に一括して支払う。
第4条　乙は不可抗力による場合を除き、乙の責めに帰すべき事故により甲に損害を与えた場合は、甲に対し賠償の責めを負う。
第5条　自動車運転手の給与、自動車の維持、修繕塗装、運転保険その他所有にかかる一切の費用は乙の負担とする。
第6条　本契約の有効期間は　　年　　月　　日から向こう1年とし、契約期限1か月以前に甲乙いずれかから何らかの意思表示なき場合は、自動的に更に1か年更新する。その後の更新についてもまた同じとする。

（以下省略）

ご質問の契約書は、「車両賃貸借契約書」という表題になっていますが、運送業者が所有する車両を貴社が借り受けることを内容とするものではなく、貴社の指示に基づき、運送業者の責任において貴社の製品を運送するというものですから、第1号の4文書（運送に関する契約書）に該当します。

また、この契約書は、営業者の間で継続する運送について、単価、対価の支払方法を定めるものですから、第7号文書（継続的取引の基本となる契約書）にも該当します。

ところで、契約書第2条に定める運送料金については、①の基準料金は、運送キロ数に関係なく支払われる料金であり、②の割増料金は①の基準キロ数を超過した場合に支払われる料金です。

このため、①の基準料金は、契約書第6条に契約期間1年とあることから、20万円（1か月）×12か月（1年）＝240万円と計算することができますが、②の割増料金は、月々の運送実績が判明しないと具体的に計算できません。

このことから、この契約書に基づき支払われる契約金額は、240万円が確定した金額です。

したがって、ご質問の契約書は、記載金額240万円とする第1号の4文書と第7号文書に該当し、通則3イの規定により、第1号の4文書に所属が決定され、印紙税額は2,000円となります。

3-23　取付工事を伴う機械の売買契約書

　当社（甲）は、一定の規格で統一した冷暖房装置のカタログ販売を行っています。

この度、取引先（乙）との間で、次の売買契約書を作成しました。

この契約書は、印紙税法上、どのように取り扱われますか。

なお、この装置の取付けには相当の技術を要するため、装置の引渡しは、取付工事完了後に行うこととしています。

売買契約書

売主甲株式会社（以下「甲」という。）と買主乙株式会社（以下「乙」という。）は次のとおり商品の売買に関して契約を締結する。

1．取引商品

機　械　名	型　　式	金　額
冷暖房機械p-5型	据付型一式（取付工事を含む）	￥3,000,000

2．契約取引条件

納　期	引渡条件	工　期	取付工事場所
○年4月28日	試運転後渡し	自○年4月18日 至○年4月28日	○○ビル　5階

（以下省略）

第3章 印紙税の課否判定事例

A カタログ又は見本による機械、家具等の製作といった、あらかじめ一定の規格で統一された物品を注文に応じ製作者の材料を用いて製作し、供給することを内容とするものは「物品の譲渡に関する契約書」ですから、課税文書には該当しません。

一方、大型機械の取付けなど、一定の物品を一定の場所に取り付けることにより所有権を移転することを内容とするものは「請負に関する契約書」に該当します。ただし、取付行為が簡単であって、特別の技術を要しないものは、「請負に関する契約書」に該当しないことになります。

ところで、ご質問の契約書は、カタログによる冷暖房装置の売買及びその据付工事を内容とするものです。カタログによる冷暖房装置の売買は、物品の売買ですから課税事項とはなりませんが、据付工事は、相当な技術を要するものですから請負契約に該当します。

したがって、ご質問の契約書は、第2号文書（請負に関する契約書）に該当します。

また、契約書には、売買金額と据付工事金額の合計が記載されており、それぞれの金額が区分されていませんから、記載されている300万円が第2号文書の記載金額となり、印紙税額は1,000円となります。

3-24 修理承り票

当社は、時計などの修理の依頼を受けた際に、依頼者に修理承り票を交付しています。
この修理承り票は、印紙税法上、どのように取り扱われますか。

第3章　印紙税の課否判定事例

A　ご質問の文書は、表題が「修理承り票」となっており、記載内容から修理の受諾事実を証明するものであることが明らかですから、第2号文書（請負に関する契約書）に該当します。

ところで、物品の修理や加工依頼を受けた者が作成し、依頼者に交付する文書には、ご質問のような承り票のほか、引受票、修理票、引換証、預り証、受取書、整理券等さまざまな名称のものがありますが、物品の受領事実のみが記載されている物品受領書や単なる整理券等に該当するものを除いて、第2号文書に該当します。

具体的な取扱いについては、次のとおりです。

1　承り票、引受票等と称するもの又は「お引受けしました。」等のように修理、加工を引き受けた旨の記載があるもの……第2号文書

2　修理票、引換証、預り証、受取書、整理券等と称するもので、仕事の内容（修理、加工箇所、方法等）、契約金額、期日又は期限のいずれか一以上の事項の記載があるもの……第2号文書

　（注）　「出来上がり予定日」、「お渡し予定日」等は、期日又は期限として取り扱われません。

3　保証期間中の修理等、無償で引き受けたものであり、文書上その旨が明らかにされているもの……不課税

なお、第2号文書については、契約金額が1万円未満のものは非課税ですが、契約金額を記載しないものは、200円の印紙税が課税されます。

ただし、契約金額が記載されていない場合であっても、契約金額が1万円未満であることが明らかで、かつ、例えば「修理金額1万円未満」とその旨が記載されているものは非課税文書と取り扱われます。

3-25 エレベータの保守契約書

> Q 当社（甲）は、自社が所有しているビルのエレベータについて、毎月一定の料金で保守会社（乙）に保守業務を委託するに当たり、次のエレベータ保守契約書を作成することとしています。
> この契約書は、印紙税法上、どのように取り扱われますか。

エレベータ保守契約書

　　○○ビル 株式会社（以下「甲」という。）と△△サービス 株式会社（以下「乙」という。）は、エレベータの保守について、下記の条項により契約を締結する。

記

第1条　契約の対象となるエレベータ
　　　　　所 在 場 所　○○市○○区○○町○-○
　　　　　種類及び台数　○○○○　　2台

第2条　甲は乙の本エレベータ保守に対する料金として、月額70,000円を毎月末日までにその月分を乙の口座に振り込む。

第3条　本エレベータの保守は、×××2年1月1日から×××2年12月31日までとする。なお、期間満了時において相互異議のないときは引き続き1か年の延長をすることができる。以後もこれによるものとする。

（中　略）

第8条　本契約書に記載のない事項につき、疑義を生じた場合は甲乙協議の上、解決するものとする。

　　本契約締結の証として本書2通を作成して、甲乙各々署名押印のうえ各1通を保有する。

×××1年12月25日

（甲）　○○ビル 株式会社　㊞

（乙）　△△サービス 株式会社　㊞

第3章 印紙税の課否判定事例

　　　エレベータの保守契約は、保守会社がエレベータを常に安全に運転
　　　できるような状態に保つことを約し、ビルの所有者がこれに対して一
定の料金を支払うことを約するものですので、請負契約に該当します。

　ご質問の契約書は、このエレベータの保守契約を定めるものですので、第2
号文書（請負に関する契約書）に該当し、月額料金と契約期間が記載されており、
「月額料金（7万円）×契約期間の月数（12か月）」により計算できる契約金額
（84万円）が記載金額となります。

　また、営業者間において請負（保守）に関する2以上の取引を継続して行う
ために作成される契約書で、共通して適用される目的物の種類（仕事の内容）、
単価及び対価の支払方法を定めるものですから、第7号文書（継続的取引の基
本となる契約書）にも該当します。

　したがって、ご質問の契約書は、記載金額84万円とする第2号文書と第7号
文書に該当し、通則3イの規定により、第2号文書に所属が決定され、印紙税
額は200円となります。

175

3-26 保守申込書

> **Q** 当社は、取引先から業務用冷蔵庫等の保守を依頼されたときに、取引先に次の保守申込書を提出してもらい、当社の担当者が署名・押印して返却することとしています。
> この保守申込書は、印紙税法上、どのように取り扱われますか。

保守申込書

申込年月日　　　年　月　日

依頼者　所在地
　　　　名　称　　△△株式会社

保　守　内　容	保　守　期　間
業務用冷蔵庫の定期保守点検	×××1年4月1日～×××2年3月31日

支払方法　銀行振込
　　　　　指定口座
支払日　毎月20日払

○○株式会社　　　営業所
担当者　　　　　㊞

第3章 印紙税の課否判定事例

A　契約の申込みの事実のみを証明する目的で作成された単なる申込文書は、印紙税法上の契約書に該当しません。

しかしながら、ご質問の文書は表題が、「保守申込書」となっていますが、貴社の担当者が署名・押印して取引先（申込者）に返却するものですから、保守契約の申込みに対する承諾、つまり、契約の成立の事実を証するものとして、印紙税法上の契約書に該当します（基通21）。

また、ご質問の保守申込書は、貴社と取引先との間で、貴社が業務用冷蔵庫の定期保守点検を行い、取引先がその対価を支払うことを定めるものです。

保守については、完成物としての物が存在するものではありませんが、常に安全、良好な状態で作動するように保つという無形の仕事の完成を約するものですから、請負契約に該当します。

更に、営業者間において請負に関する2以上の取引を継続して行うために作成される契約書で、共通して適用される目的物の種類及び対価の支払方法を定めるものですから、第7号文書（継続的取引の基本となる契約書）にも該当します。

したがって、ご質問の保守申込書は、契約金額の記載がない第2号文書と第7号文書に該当し、通則3イのただし書の規定により、第7号文書に所属が決定され、印紙税額は4,000円となり、納税義務者は貴社となります。

3-27　冠婚葬祭互助会加入申込書

 この申込書は、冠婚葬祭互助会（以下「互助会」という。）の加入申込者から互助会に提出されるものです。
　この申込書は、印紙税法上、どのように取り扱われますか。
　なお、互助会約款には、この申込書を提出することによって自動的に互助会加入利用契約が成立すること及びその契約内容（結婚式、葬祭等に関する役務の提供）について定められています。

冠婚葬祭互助会加入申込書

　　　　　　　　　　　　　　　　　　　　　　　　年　月　日

冠婚葬祭互助会　御中
　貴互助会約款を承認の上加入いたします。

契約の種類	初回掛金	次回掛金	
		金額	回数
○○コース　¥300,000	¥	¥	

（早見表を見て記入してください。）

加入者番号	フリガナ	性別	生年月日
	氏　名　　　　印	男・女	・・
コード　　住所	フリガナ 〒　－	連絡	1.集金場所 2.呼び出し
コード　　集金場所	フリガナ 〒　－	電話	（　） －
（以下省略）			

178

第3章 印紙税の課否判定事例

A　ご質問の申込書は、「貴互助会約款を承認の上加入いたします。」との記載があり、加入申込者が互助会に提出することにより自動的に契約が成立することになっていますので、印紙税法上の契約書に該当します。

更に、互助会の会員になることは、将来、冠婚葬祭に関する一定の役務の提供を受け、これに対して一定の対価（○○コース30万円）を支払うことを約していますので、請負契約の成立を証明するものとして、第2号文書（請負に関する契約書）に該当します。

なお、記載金額は30万円で印紙税額は200円となり、納税義務者は加入申込者になります。

3-28 協賛契約書

Q 当社（甲）は、イベントの開催に協賛の形で参加することになり、主催者（乙）との間で次の協賛契約書を作成しました。この契約書は、印紙税法上、どのように取り扱われますか。

協賛契約書

協賛者甲株式会社（以下「甲」という。）と主催者乙株式会社（以下「乙」という。）は、乙が行う○○大会の協賛について次のとおり契約を締結する。

第1条 甲は、○○大会の協賛者となる。
第2条 甲は、協賛者として、次の権利を取得する。
　　　1 ○○大会の協賛者であることを甲の広告活動において告知する権利
　　　2 ○○大会のロゴマークを甲の広告活動に使用する権利
第3条 乙は、乙が作成する○○大会のポスター、入場券に甲の商標、製品名を掲載し、甲のために広告活動を行う。
第4条 甲は、協賛する対価として、金12,000,000円也を　　年　月　日までに乙に対して支払う。

（中　略）

年　月　日

　　　　　　　　　　　　　　（協賛者）甲　株式会社　㊞
　　　　　　　　　　　　　　（主催者）乙　株式会社　㊞

180

第3章 印紙税の課否判定事例

A協賛者が自らの広告活動において、協賛者であることを告知する権利とイベントのロゴマークを使用する権利を取得することだけでなく、主催者がその責任の下で、ポスターや入場券に協賛者の商標、製品名を掲載するなどの広告活動を行い、これに対して協賛者が対価を支払うことを内容とするものですから、請負契約である広告契約に該当します。

したがって、ご質問の契約書は、協賛者が対価を支払うことを内容とする広告契約となり、記載金額1,200万円の第2号文書（請負に関する契約書）となり、印紙税額は2万円となります。

なお、このように有償で広告宣伝を引き受けることを内容とする契約は、請負契約となりますが、協賛契約の形態や内容は多種多様ですから、具体的には、契約の形態により、次のとおり取り扱われます。

1 社章、商標、製品名等の掲載

　ポスター、入場券、パンフレット等に主催者の責任で社章や製品名等を掲載又は表示することを内容とする契約は、主催者が報酬を得て広告宣伝を引き受けることを内容とする契約ですから、請負契約に該当します。

2 協賛の事実の表示

　ポスター、入場券、パンフレット等に「協賛　甲株式会社」のように、単に協賛していることのみを表示することを内容とする契約は、単に協賛の事実を表示することを内容とするものであることから、請負契約には該当しません。

3 広告スペースの提供等

　催物会場等で、主催者が広告スペースを確保して協賛者に提供し、協賛者の責任において広告を行うことを内容とする契約は、広告場所を有料で使用させることを内容とする契約ですから、請負契約には該当しません。

バナー広告掲載契約書

> **Q** 当社（甲）は、インターネット運営会社（乙）にバナー広告の掲載を委託するに当たり、次のバナー広告掲載契約書を作成することとしています。
> この契約書は、印紙税法上、どのように取り扱われますか。

バナー広告掲載契約書

甲株式会社（以下「甲」という。）と乙株式会社（以下「乙」という。）とは、バナー広告掲載規定（以下「規定」という。）に基づき、以下のとおり契約を締結する。

第1条　甲は、規定に基づき、乙に対してバナー広告の掲載を委託し、乙は、甲から委託された広告を掲載する。

第2条　掲載期間
　　　　自：×××1年2月1日　至：×××1年7月31日

第3条　掲載場所等
　　　　掲載場所等：

第4条　甲乙協議の上、規定に基づき、以下のとおり掲載料金を定め、次条に定める方法で支払う。
　　　　掲載料金：月額50,000円×6か月＝300,000円

第5条　甲乙の掲載契約が成立した日より20日以内に、掲載料金の合計額又は、分割払い指定の場合は初回支払金額を、甲は、乙の指定する銀行口座に振り込む。
　　　　分割払い指定の場合、2回目以降は、翌月より各月10日に振り込む。ただし、当該支払日が金融機関休業日の場合は翌営業日とする。

（中　略）

年　月　日

　　　　　　　　　　　　　　　　　　　　　　　　甲　株式会社　㊞
　　　　　　　　　　　　　　　　　　　　　　　　乙　株式会社　㊞

（注）バナー広告とは、インターネットのホームページ上の帯状の広告をいいます。

A インターネット上で行われる広告は、バナー広告をはじめメールマガジン広告など、さまざまな形態のものがありますが、有償で一定期間の広告を約する契約は、広告主が広告宣伝を依頼し、相手方が広告主のために広告宣伝という仕事を行うこととし、これに対して広告主が報酬を支払う旨の契約ですから、請負契約に該当します（基通第2号文書12）。

ご質問の契約書は、インターネットの運営会社である乙社のホームページ上に、一定期間、委託者である甲の広告を掲載し、これに対して報酬を支払うことを定めたものですから、第2号文書（請負に関する契約書）に該当します。

また、この契約書は営業者間において2以上の広告について共通して適用される取扱数量、単価、対価の支払方法などの取引条件を定めており、第7号文書（継続的取引の基本となる契約書）にも該当しますので、このような契約書については、通則3イの規定により所属を決定することとなります。

したがって、ご質問の契約書は、契約書第4条に広告の掲載期間6か月間の掲載料金30万円（5万円×6か月）が記載されていますので、この金額が記載金額となり、印紙税額は200円となります。

3-30 太陽光設備売買・請負工事契約書

　当社（甲）は、住宅用太陽光発電システムの設置業務を委託するに当たり、次の太陽光設備売買・請負工事契約書を作成することとしています。
　この契約書は、印紙税法上、どのように取り扱われますか。
　なお、この太陽光設備は、カタログに掲載された規格品です。

太陽光設備売買・請負工事契約書

　　　　　　　　　　　　　　　　　　　　　　　　　年　月　日

　注文者と請負者は、住宅用太陽光発電システム設置に関し、以下の内容で工事請負契約を締結する。

・設置場所 _____

・工事着工日　　　　　年　月　日
・工事完成引渡日　　　年　月　日　　（注文者）甲　株式会社　㊞
・支払方法　　　　　口座振込み　　　（請負者）乙　株式会社　㊞

品名	数量	価格（税込み）
太陽光モジュール	200枚	8,000,000円
パワーコンディショナー	4台	2,000,000円
設置架台	一式	1,500,000円
商品代　計		11,500,000円
設置工事代	一式	3,500,000円
合計		15,000,000円

第3章 印紙税の課否判定事例

A　ご質問の契約書の住宅用太陽光発電システムは、太陽光モジュール（いわゆる太陽光パネル）などの複数の機器から構成され、各機器の据付や配電等の工事を行うことにより利用できるものです。

更に、ご質問の契約書は、「注文者と請負者は、住宅用太陽光発電システム設置に関し、以下の内容で工事請負契約を締結する。」と記載されていることから、住宅用太陽光発電システムを構成する各機器の売買を目的とするものではなく、住宅用太陽光発電システム全体の完成を目的としたものであり、全体を請負工事と認識しているものと認められます。

したがって、ご質問の契約書は、住宅用太陽光発電システム全体の工事を内容とする第2号文書（請負に関する契約書）に該当します。

記載金額は、機器代金及び設置工事代金との合計額となりますので、ご質問の契約書は、記載金額1,500万円の第2号文書に該当し、印紙税額は2万円となります。

なお、作成年月日が平成9年4月1日から平成26年3月31日の場合、印紙税額1万5千円、平成26年4月1日から令和9年3月31日の場合、印紙税額1万円となり、軽減税率の対象となります。

3-31 プログラム等開発業務委託契約書

> **Q** 当社（甲）は、コンピュータ会社（乙）に販売業務に係るプログラム及びそのデータの開発を委託するに当たり、次のプログラム等開発業務委託契約書を作成することとしています。
>
> この契約書は、印紙税法上、どのように取り扱われますか。

プログラム等開発業務委託契約書

甲株式会社（以下「甲」という。）と乙株式会社（以下「乙」という。）は、以下に定義する開発物に関し、次のとおり本契約を締結する。

第1条　乙は、甲乙の協議により定める日までに、甲が企画し、乙で定めた仕様に従って乙が開発した共同成果物（販売業務に係るコンピュータプログラム及びそのデータ。以下「開発物」という。）を納品する。

第2条　乙は、本件開発物に関して、自己の創作に係るものであって第三者の著作権その他の権利を侵害するものではないことを甲に保証する。

第3条　甲は、乙より納品を受け検収を完了した本件開発物の開発代金○○万円について、納品日の翌月末に小切手で支払う。

第4条　乙から甲に納品された開発物についての著作権は乙に帰属する。

　2　乙は甲に納品された開発物について、甲に対して独占的に使用・複製する権利を永久的に許諾する。

　　年　月　日

　　　　　　　　　　　　　　　甲　株式会社　㊞
　　　　　　　　　　　　　　　乙　株式会社　㊞

ソフトウェアの開発業務の委託契約については、業務の完成を受託者に一切任せてしまうものか、委託者の指揮命令によりソフトウェア開発を行うものかによって、印紙税法上の取扱いは異なります。

一般的には、業務の完成を受託者に任せるものは、請負契約ですから、第2号文書（請負に関する契約書）又は第7号文書（継続的取引の基本となる契約書）に該当し、一方、委託者の指揮命令によりソフトウェア開発を行うものは、人材派遣契約又は準委任契約ですから、課税文書には該当しません。

ご質問の契約書は、成果物であるコンピュータプログラム及びそのデータを受託者である乙社が自ら完成し、委託者である貴社はその成果物の納品を受けることにより、開発代金○○万円を支払うことを内容とするものですから、第2号文書に該当します。

3-32 ホームページ開発委託契約書

> **Q** 当社（甲）は、コンピュータ会社（乙）に自社の運営するwebサイト内に掲載する情報サイトの製作を委託するに当たり、次のホームページ開発委託契約書を作成することとしています。
>
> この契約書は、印紙税法上、どのように取り扱われますか。

ホームページ開発委託契約書

甲株式会社（以下「甲」という。）と乙株式会社（以下「乙」という。）は、ホームページの作成に関して下記の条件に基づき契約を締結する。

記

第1条　甲は乙に対して○○○サイトの次のホームページ（以下「本件ホームページ」という。）の作成を委託し、乙はこれを受託した。

　　　　タイトル　　○○レストランマップ

　　　　回　　数　　10回

第2条　乙は、本件ホームページのソースコード（プログラム）を2回分ずつ、5回に分けて別途定める日程により甲に納品する。

第3条　委託料は総額550万円（うち消費税及び地方消費税50万円）とし、甲はこれを5回に均等分割して、前条の各納品日の属する月の翌月末日までに約束手形で乙に支払う。

第4条　本件ホームページについて生じた著作権は全て乙に帰属する。

第5条　甲は、本件ホームページを○○○サイトの中で営業を目的として使用することができる。

　　　　年　月　日

　　　　　　　　　　　　　　　　　　　　甲　株式会社　㊞

　　　　　　　　　　　　　　　　　　　　乙　株式会社　㊞

第3章 印紙税の課否判定事例

 A　ご質問の契約書は、貴社がコンピュータ会社にホームページの製作を委託し、そのソースコード（コンピュータのプログラム言語で記述されたプログラムをいいます。）の納品に対して委託料を支払うことを定めたものですから、第2号文書（請負に関する契約書）に該当します。

　また、第2号文書では、記載された契約金額に消費税及び地方消費税の金額として区分記載されている場合は、記載金額に含めないこととされていますから、この契約書の記載金額は消費税及び地方消費税額の50万円を除いた500万円となり、印紙税額は2,000円となります。

3-33 システムプログラム・データ保守契約書

Q 当社（甲）は、コンピュータ会社（乙）に自社のプログラム・データが障害により破損した場合、復旧業務を委託するに当たり、システムプログラム・データ保守契約書を作成することとしています。この契約書は、印紙税法上、どのように取り扱われますか。

システムプログラム・データ保守契約書

甲株式会社（以下「甲」という。）と乙株式会社（以下「乙」という。）は、次のとおりプログラム・データ保守契約を締結する。

第1条　乙は、甲の有するコンピュータシステムのサーバーの障害により、そのサーバー上のプログラム・データが破損した場合、次の条件の下に復旧する。
　① 乙は、甲から連絡を受けた場合、遅滞なく甲に赴き復旧作業を行うこととする。
　② 復旧の対象は、甲の有するサーバーの障害による当該サーバー上のプログラム・データとする。
　③ 復旧範囲は、甲の有するバックアップ装置にバックアップさせている範囲とする。

第2条　甲は、乙に対して、プログラム・データ保守の報酬として月額100,000円（税別）を支払うこととし、翌月末日までに、乙の指定する口座に振り込む。振込費用は、甲の負担とする。

第3条　本契約は、　　年　月　日から1年間有効とする。

　　年　月　日

　　　　　　　　　　　　　　　　　　　　　甲　株式会社　㊞
　　　　　　　　　　　　　　　　　　　　　乙　株式会社　㊞

第3章 印紙税の課否判定事例

A　ご質問の契約書は、委託者である貴社の有するサーバーの障害により、サーバー内のプログラム・データが破損した場合に、受託者である乙社がプログラム・データを復旧し、これに対して報酬を支払うことを定めたものですから、第2号文書（請負に関する契約書）に該当します。

　また、この契約書は、営業者間において請負に関する2以上の取引を継続して行うために作成されるもので、第1条において目的物の種類、第2条において単価及び対価の支払方法が具体的に定められていますから、第7号文書（継続的取引の基本となる契約書）にも該当します。

　したがって、ご質問の契約書は、契約金額120万円（月額10万円×12か月）の第2号文書及び第7号文書に該当し、通則3イの規定により第2号文書に所属が決定され、印紙税額は400円となります。

3-34 システム企画支援契約書

 当社（甲）は、コンピュータ会社（乙）にソフトウェアの開発を委託するに当たり、あらかじめ締結されている「開発委託基本契約書」に基づき、個別契約として次のシステム企画支援契約書を作成することとしています。

この契約書は、印紙税法上、どのように取り扱われますか。

システム企画支援契約書

甲株式会社（以下「甲」という。）と乙株式会社（以下「乙」という。）は、○○システムのソフトウェアの開発に関し、次のとおり個別契約を締結します。

第1条　甲は、○○システムに関するシステム化計画等の立案に係る支援作業（以下「企画支援業務」といいます。）を乙に委託し、乙はこれを受託するものとします。

第2条　乙は、企画支援業務として甲が主体で行う次の業務に関する支援を行うものとします。
① 情報システム構想の立案
② システム化計画の立案
③ 上記に関するシステム化計画書等の作成

第3条　企画支援業務の対象となるシステム化計画書等の作成は甲の責任で行うものとし、乙は甲の円滑な業務履行の支援を行います。

第4条　乙は、企画支援業務の終了後、業務終了報告書を作成し、甲に提出するものとします。

第5条　契約金額は、次のとおりとします。
　　　　　金　20,000,000円（消費税相当額を除く。）

第6条　甲は、業務終了の確認後　日以内に乙所定の請求書により企画支援業務に係る委託料及びその消費税相当額を乙に支払うものとします。

第7条　乙が行う企画支援業務は、甲の作業が円滑かつ効果的に行われるよう支

第3章　印紙税の課否判定事例

　　　援するのみであり、乙はシステム化計画等の内容その他企画支援業務の結
　　　果についてその責任を負わないものとします。
第8条　　企画支援業務の実施期間は　　　年　月　日から　　　年　月　日まで
　　　とします。

　　　本契約締結の証として本書を2通作成し、甲乙記名押印のうえ各1通を保有し
　　ます。

　　　年　月　日

　　　　　　　　　　　　　　　　　　　　甲　株式会社　㊞
　　　　　　　　　　　　　　　　　　　　乙　株式会社　㊞

　　　Ａ　ご質問の契約書は、貴社とコンピュータ会社との間で、システム化
　　　　　計画等の立案に係る支援作業を委託し、支援業務の終了後、貴社から
コンピュータ会社に対価を支払うことを定めたものです。

　この契約書により委託される業務は、第2条において、情報システム構想の
立案、システム化計画の立案及びシステム化計画書の作成とされており、また、
支援業務の終了後、業務終了報告書を作成し、貴社に提案することとされてい
ます。

　ところで、この委託業務は、受託者（コンピュータ会社）の知識、ノウハウ
に基づいて情報システム構想の立案等に係る支援を委託するものであって、そ
の仕事に完成という概念がなく、結果より支援の内容を期待するつもりですか
ら、準委託契約に該当します。

　なお、結果としてシステム化計画書及び業務終了報告書が作成されますが、
委託された業務の内容を開示する手段としてまとめられたものの場合は、成果
物として評価できませんから、請負契約には該当しません。

　したがって、第2号文書（請負に関する契約書）に該当せず、他に課税事項
の記載もないことから、いずれの課税文書にも該当しません。

3-35 システム移行・運用準備支援契約書

 当社（甲）は、「○○システム」に係るシステム移行支援業務を委託するに当たり、次のシステム移行・運用準備支援契約書を作成することとしています。
この契約書は、印紙税法上、どのように取り扱われますか。

システム移行・運用準備支援契約書

甲株式会社（以下、「甲」という。）と乙株式会社（以下、「乙」という。）は、○○システムのソフトウェア開発に関し、　年　月　日付「ソフトウェア開発委託基本契約書」に基づき、次のとおり個別契約を締結します。

第1条（目的）
　甲は、○○システムに係るシステム移行・運用準備の支援（以下、「システム移行支援業務」という。）を乙に委託し、乙はこれを受託するものとします。

第2条（システム移行支援業務の内容）
　乙は、システム移行支援業務として、甲が主体で行う次の業務に関する支援を行うものとします。
　① ソフトウェアの導入及び受入れ支援
　② 運用テスト
　③ 業務及びシステムの移行

第3条（システム移行・運用準備業務の実施）
　システム移行・運用準備業務は、甲の責任で行うものとし、乙は甲の円滑な業務履行の支援を行うものとします。

第4条（実施担当者）
　システム移行支援業務を実施するシステム・エンジニアは、5人とします。
　システム・エンジニアの選定及び変更は乙が行うものとします。

第5条（システム移行支援業務の終了、確認）
　乙は、システム移行支援業務の終了後、業務終了報告書により甲に報告を行うものとします。

第3章 印紙税の課否判定事例

第6条（契約金額）

　金30,000,000円（消費税相当額を除く。）とします。

第7条（責任の範囲）

　乙が行うシステム移行支援業務は、甲の作業が円滑かつ効果的に行われるよう支援するのみであり、乙は、当該システム移行支援業務の結果についての責任は負わないものとします。

第8条（実施期間）

　システム移行支援業務の実施期間は、　　　年　月　日から　　　年　月　日の1年間とします。

（中　　略）

　　年　月　日

甲　株式会社　㊞
乙　株式会社　㊞

　　Ａ　　ご質問の契約書は、甲が乙に、ソフトウェアの導入及び受入れ支援等のシステム移行支援業務を委託し、これに対して報酬を支払うことを内容とし、第3条において、システム移行・運用準備業務は委託者である甲の責任で行うこと、第7条において、受託者である乙は単に甲の作業が円滑かつ効果的に行われるよう支援するのみであることが定められています。

　したがって、ここでの支援業務は、仕事の完成を約するものではありませんから、請負契約には該当しません。

　また、他に課税事項の記載もないことから、ご質問の契約書は課税文書に該当しません。

3-36 コンピュータシステムコンサルタント業務契約書

Q 当社（甲）は、コンピュータシステムに関するコンサルタント業務を乙へ委託するに当たり、次のコンピュータシステムコンサルタント業務契約書を作成することとしています。
この契約書は、印紙税法上、どのように取り扱われますか。

コンピュータシステムコンサルタント業務契約書

甲株式会社（以下「甲」という。）と、乙株式会社（以下「乙」という。）は、次のとおりコンサルタント業務契約を締結する。

第1条（コンサルテーション）
　乙は、甲の有するコンピュータシステムに関し、アドバイス、相談等のコンサルテーションを、以下のとおり行う。
① 乙は甲の本社を1か月に1回訪れ、3時間の範囲でコンサルテーションを行う。
② その他、乙は、甲からの電話・ファクシミリによる相談に適宜対応する。

第2条（報酬）
　甲は、乙に対して、コンサルテーションの報酬として月額50,000円（消費税込）を支払うこととし、前月末日までに、乙の指定する口座に振り込む。

第3条（実費）
　乙が甲に対するコンサルテーションをするために支出した交通費、資料収集及び調査活動に要した費用の実費は、甲の認める範囲で、甲が乙に対し支払うものとする。細目は、甲乙で別途協議してこれを定める。

第4条（秘密保持）
　乙が甲に対するコンサルテーションをするに際し、知り得た甲の経営内容、その他業務に関する一切の情報については、この契約の有効期間はもちろん、契約期間終了後も、甲以外の第三者に漏洩してはならない。

第3章 印紙税の課否判定事例

これに乙が違反したことにより甲が損害を被った場合には、その全損害を甲は乙に請求することができる。

第5条（契約期間）

この契約は、　　　年　月　日から1年間有効とし、期間満了の3か月前までに契約終了の意思表示が当事者の一方から相手方にされないときは、有効期間はさらに1年間自動的に延長されるものとする。

以上、本契約成立の証として、本書2通を作成し、甲乙記名捺印のうえ、双方各1通を保有する。

　　　　年　月　日

　　　　　　　　　　　　　　　　　　　　　甲　株式会社　㊞
　　　　　　　　　　　　　　　　　　　　　乙　株式会社　㊞

A　ご質問の契約書は、貴社が自ら所有するコンピュータシステムに関して、乙社からコンサルテーションを受け、これに対して報酬を支払うことを内容とするものです。

コンサルテーションの内容であるコンピュータシステムに関するアドバイス、相談等の行為は、乙社が有するコンピュータシステムに係る専門的な知識を期待するものであり、仕事の完成という概念がないことから、請負契約には該当せず、委任契約に該当します。

また、他に課税事項の記載もないことから、この契約書は課税文書には該当しません。

3-37 サポート業務委託契約書

当社（甲）は、当社が開発したソフトウェアに係るサポート業務を乙に委託するに当たり、次のサポート業務委託契約書を作成することとしています。
この契約書は、印紙税法上、どのように取り扱われますか。

サポート業務委託契約書

甲株式会社（以下「甲」という。）と乙株式会社（以下「乙」という。）は、甲の開発したソフトウェア（以下、「本件ソフトウェア」という。）のサポート業務について、以下のとおり業務委託契約を締結する。

第1条　（目的）
　　本契約は、甲が第3条に定める本件業務を乙に委託するに当たり、適用される事項を定める。

第2条　（本件ソフトウェア）
　　本件ソフトウェアとは、○○ソフトウェア製品とする。

第3条　（本件業務の内容）
　　乙は、本件ソフトウェアについて、甲の顧客からの操作方法等に関する問い合わせについて、電話及びインターネットメールによる回答業務を行う。

第4条　（対価）
　　本件業務の対価としての委託料については、別紙に定める料金体系に従い算定する。

第5条　（支払）
　　甲は乙に対し、乙からの請求に基づき、当該月の業務委託料を毎月末日締め翌月末日までに、乙の指定口座あてに銀行振込みにて支払うものとする。

第6条　（契約期間）
　　本契約の有効期間は本契約の締結日から1年間とし、期間満了2か月前

第3章 印紙税の課否判定事例

> までに甲乙いずれかから本契約の終了の書面による申し出がない場合には、
> 1年間自動的に更新されるものとし、以後もまた同様とする。
> 年　月　日
>
> 　　　　　　　　　　　　　　　　　　　　　甲　株式会社　㊞
> 　　　　　　　　　　　　　　　　　　　　　乙　株式会社　㊞

　Ａ　ご質問の契約書は、貴社が乙社に委託するサポート業務の内容、対価、その支払方法を定めるものです。委託されるサポート業務の内容は、ソフトウェアに関する顧客からの操作方法等の問い合わせに対する回答を行うものですが、この問い合わせに対する回答は、仕事の完成を約するものではなく、単なる事務処理の委託ですから、請負契約には該当せず、準委任契約となります。

　準委任契約は、印紙税法上のいずれの課税事項にも該当しませんから、この契約書は課税文書には該当しません。

3-38 在宅業務委託契約書

 当社（甲）は、在宅ワーカーである乙にホームページの作成を委託するに当たり、次の在宅業務委託契約書を作成することとしています。
この契約書は、印紙税法上、どのように取り扱われますか。

在宅業務委託契約書

甲株式会社（以下「甲」という。）と乙は、以下の通り本契約を締結する。

第1条　（目的）
　　　　甲は乙に対して、次条に定める業務内容を本契約により乙に委託し、乙はこれを有償で受託する。

第2条　（業務内容）
　　　　甲のホームページ作成（○○を使用したトップページとし、各項目ごとに別ウィンドウで開くものとする。）

第3条　（報酬額）
　　　　￥500,000（消費税別）

第4条　（支払期日）
　　　　甲は、検収後15日以内に乙へ報酬を支払うものとする。

第5条　（支払方法）
　　　　甲は、乙が指定する金融機関の口座に振り込むこととする。なお、振込手数料は甲が負担するものとする。

第6条　（納期）
　　　　乙は甲に対して、　　年　月　日までに納品するものとする。

第7条　（納品先及び納品方法）
　　　　乙は甲に対して、CD-ROMにより納品するものとする。

第8条　（検収）
　1　甲は、乙より納品を受けた成果物について速やかに検収する。検収の結

第3章　印紙税の課否判定事例

　　　果、不備又はその他の瑕疵があると甲が判断した場合には、乙にその旨を
　　　指摘し、その修正を求め得るものとする。
　2　　乙の納品した成果物に瑕疵がある場合は、乙はその成果物を無償で修正
　　　する義務を負う。補修期間は納品の行われた日から10日間とする。
　3　　乙が納期までに成果物を納入することができない場合は、乙は納期の翌
　　　日から成果物の納入される日まで報酬の年利4.5％の日割りによる違約金を
　　　支払うものとする。

　以上、本契約の成立の証として本書2通を作成し、甲乙各自記名捺印の上、各1
通を保管する。
　　　年　月　日

　　　　　　　　　　　　　　　　　　　　　甲　株式会社　　㊞
　　　　　　　　　　　　　　　　　　　　　乙　　　　　　　㊞

　　　ご質問の契約書は、乙が貴社のホームページの作成をし、これに対
　Ａ　して貴社が報酬を支払うこと、すなわち、ホームページの作成という
仕事の完成に対して報酬が支払われることを約するものですから、第2号文書
（請負に関する契約書）に該当します。

　したがって、ご質問の契約書は、記載金額50万円の第2号文書に該当し、印
紙税額は200円となります。

3−39　機密保持に関する確認書

当社（甲）は、乙との間で既に締結しているソフトウェアの開発委託契約に関し、機密保持に関する事項を確認するために次の機密保持に関する確認書を作成することとしています。
この確認書は、印紙税法上、どのように取り扱われますか。
なお、ソフトウェアの開発委託契約書は、第2号文書に該当するものです。

機密保持に関する確認書

甲株式会社（以下「甲」という。）と乙株式会社（以下「乙」という。）は、甲乙間で締結した、　　年　　月　　日付○○システム開発委託契約に関し、ソフトウェア開発業務上の機密保持につき以下の通り確認する。

第1条　（目的）
　　乙は甲との間で締結した　　年　　月　　日付○○システム開発委託契約（以下、「原契約」という。）に関し、ソフトウェア開発業務上知り得た甲の業務上の機密を保持し、また、競業行為を行わず公正な取引関係を維持するために本確認書を締結する。

第2条　（業務上の機密）
　　業務上の機密とは、甲が乙に貸与した物件に記載された事項並びに乙が業務遂行上知り得た有形無形の技術的、営業的、その他一切の知識をいう。

第3条　（機密の管理）
　　乙は全ての業務上の機密を厳重に保管し、甲の指示がある場合のほか、これを複写複製若しくは翻訳その他機密を漏洩する疑いを持たれる行為をしてはならない。

第4条　（機密の保持）
　　乙は業務上の機密を甲のため以外に使用してはならない。

第5条　（損害賠償責任）

第3章　印紙税の課否判定事例

　　1　　乙又は乙の従業員が、甲の機密を漏洩し、これにより甲が損害を受けた
　　　　場合は、乙は甲に対し相当の損害賠償を支払わなければならない。
　　2　　前項の場合、甲は乙との取引を停止することができる。
第6条　（有効期間）
　　　　本確認書の有効期間は原契約の有効期間中とする。
　　　　以上、本確認書の成立を証するため、本書2通を作成し、甲乙各1通を
　　保管する。

　　年　月　日

　　　　　　　　　　　　　　　　　　　　　甲　株式会社　㊞
　　　　　　　　　　　　　　　　　　　　　乙　株式会社　㊞

　　A　印紙税法上の契約書には、契約当事者間において、契約の成立、更
　　　　改又は内容を変更するもののほか、既に締結された契約の内容を補充
することを証明する目的で作成した文書も含まれます。

　補充された内容が、基通別表第二に規定する重要な事項（巻末の【表2】参
照）に該当するものは、補充契約書として課税文書に該当します。

　ところで、ご質問の確認書は、原契約であるソフトウェアの開発委託契約書
に定めのない機密保持に関する事項を補充することを証明する目的で作成され
たものですから、印紙税法上の契約書に該当します。

　しかしながら、第2号文書（請負に関する契約書）のほか、いずれの課税文
書の重要な事項にも該当しませんから、この確認書は課税文書には該当しませ
ん。

3-40 技術者派遣基本契約書

  当社（甲）は、乙に技術者を派遣するに当たり、基本的事項を定めた次の技術者派遣基本契約書を作成することとしています。この契約書は、印紙税法上、どのように取り扱われますか。

技術者派遣基本契約書

　甲株式会社（以下「甲」という。）と乙株式会社（以下「乙」という。）は、甲の乙に対する技術者の派遣に当たって、次のとおり技術者派遣基本契約（以下「本基本契約」という。）を締結する。

第1条（本基本契約の適用）
　甲及び乙は、本基本契約が「労働者派遣事業の適正な運営の確保及び派遣労働者の保護等に関する法律」に準拠したものであることを確認するとともに、本基本契約は技術者派遣に関して以後甲乙間で締結される個別契約の全てに準用する。

第2条（個別契約の成立）
　個別契約は、甲から派遣される技術者の派遣業務、派遣期間、就業時間、派遣料金、その他の事項が記載された技術者派遣個別契約書を作成し、双方が同意することにより成立する。

第3条（派遣業務）
　派遣業務は以下のとおりとする。
　① 乙のコンピュータ・システムの調査、分析、設計、保守
　② コンピュータ・システムの操作
　③ コンピュータ・システム上で稼動するプログラムの設計、作成、保守

第4条（指揮命令系統）
　甲は、甲が乙に派遣する技術者に対して、派遣期間中は乙の指揮命令に従わせ、かつ、乙の作業場所ごとに定められた規則を遵守させるものとする。

第5条（成果物の帰属）
　派遣技術者による作業の結果、成果物が得られた場合には、有体物無体物を問わず、その所有権は全て乙に帰属するものとする。

第3章 印紙税の課否判定事例

第6条（月額基本料）

　乙は甲に対して、派遣業務の月額派遣基本料を、対象期間における派遣技術者の派遣業務の実施に応じて支払うものとする。

第7条（支払）

　乙は甲に対して、毎月末締めで第6条に基づき算定した金額を、その翌月末日までに現金で支払うものとする。

第8条（有効期間）

　本基本契約の有効期間は、本基本契約締結の日から1年間とし、期間満了2か月前までに甲乙いずれかから本基本契約を終了する旨の書面による通知がなかったときは、1年間自動的に延長されるものとし、以後も同様とする。

（中　略）

　　年　月　日

甲　株式会社　㊞

乙　株式会社　㊞

　　　　ご質問の契約書は、貴社と乙社との間で、「労働者派遣事業の適正な運営の確保及び派遣労働者の保護等に関する法律」に基づき、派遣される技術者の業務や対価の支払方法等を定めたものです。

　この文書の第3条において派遣業務の中に保守という請負契約に結びつく文言の記載がありますが、労働者派遣契約の場合は、派遣労働者が派遣先の指揮命令を受けて派遣先のために労働を提供することを目的としていますので、請負契約には該当しません。

　したがって、ご質問の契約書は、他に課税事項の記載もないことから、いずれの課税文書にも該当しません。

共同開発契約書

 当社（甲）は、ソフトウェアの研究開発を乙と共同で行うに当たり、次の共同開発契約書を作成することとしています。
この契約書は、印紙税法上、どのように取り扱われますか。

共同開発契約書

甲株式会社（以下「甲」という。）と乙株式会社（以下「乙」という。）とは、ソフトウェアの開発に関して共同で研究開発を行うに当たり、以下のとおり合意したので本契約を締結する。

第1条（目的）
　甲及び乙は、次の開発業務（以下「本開発」という。）を次の期間内に共同して研究開発する。
　　業務の内容：○○に係るソフトウェアの開発
　　契約期間：　　年　月　日～　　年　月　日

第2条（業務分担）
　甲及び乙は、本開発を次の各号のとおり分担して行う。
　1　甲の分担：
　2　乙の分担：
　3　甲・乙の共同担当：

第3条（費用負担）
　甲及び乙は、前条に基づいてそれぞれ自己の分担した業務に要する費用を負担する。但し、本開発を遂行するに当たり一方の当事者にとって著しく負担となる費用及び分担の明らかでない費用が発生した場合には、甲乙協議の上負担割合を決定する。

第3章 印紙税の課否判定事例

第4条（成果の帰属）

　甲及び乙は、本開発により得られる発明、考案、意匠、コンピュータソフトウェア及びノウハウ等の技術的成果を共有する。但し、甲又は乙が相手方から開示された資料、情報その他相手方からの助言、援助、協力によることなく単独で成した成果については、当該成果を成した者に帰属する。

第5条（工業所有権）

1　甲及び乙は、前条の規定に基づく甲乙共有の成果について、特許、実用新案、意匠などの工業所有権を受ける権利及び当該権利に基づいて得られる工業所有権を共有するものとし、その持分は均等とする。

2　乙は、前項に規定する甲乙共有の成果に係る工業所有権の出願及び維持保全に関する手続を行い、甲はこれに協力する。

3　甲及び乙は、前項に規定する手続に要する費用を均等に負担する。

　本契約の成立を証するため、本契約書2通を作成し、甲乙記名押印の上、各1通を保有する。

　　年　　月　　日

　　　　　　　　　　　　　　　　　　　　甲　株式会社　㊞
　　　　　　　　　　　　　　　　　　　　乙　株式会社　㊞

A　一般的には、ソフトウェアの開発を委託するものは請負契約に該当します。

　ところで、ご質問の契約書は、貴社と乙社がソフトウェアの研究開発を共同で行うために、それぞれの業務や費用の分担を定めたものですが、契約の一方の当事者が、他方の当事者に研究開発を委託するものではないことから、請負契約にはなりませんので、第2号文書（請負に関する契約書）に該当しません。

　また、この研究開発により得られる技術的成果やこれに係る工業所有権等の成果物については、共有するものとなっており、その持分は均等とされており、無体財産権の譲渡を約するものではありませんので、第1号の1文書（無体財産権の譲渡に関する契約書）にも該当しません。

　したがって、ご質問の契約書は、他に課税事項の記載もないことから、いずれの課税文書にも該当しません。

3-42 共同施工による工事請負契約書

Q　当社（甲）は、他社から受注した工事を乙と共同施工するに当たり、甲乙間において工事の分担区分、工事費の配分、工事代金の支払時期等を定めた次の契約書を作成することとしています。

この契約書は、印紙税法上、どのように取り扱われますか。

契　約　書

甲株式会社（以下「甲」という。）と乙株式会社（以下「乙」という。）は、甲が株式会社丙（以下「丙」という。）から受注した下記工事を共同施工するに当たり、次の条項のとおり契約を締結する。

記

1　工　事　名
2　工事場所
3　工　　期　　自　　　年　月　日から至　　　年　月　日
4　請負金額　　￥20,000,000－

第1条　乙は丙に対する関係においては、甲の下請人であることを承認し第2条及び第3条に定める区分により工事を分担施工し、自己の分担工事について全責任を負う。

第2条　甲、乙両者の工事施工分担区分は、別紙のとおりとする。

第3条　甲、乙両者に配分される工事費は次のとおりとする。
　　　　　　　甲の分担工事費総額￥12,000,000－
　　　　　　　乙の分担工事費総額￥ 8,000,000－

第4条　乙はその分担工事の施工に当たっては、甲が丙との間に締結した契約条項及び設計書並びに工事仕様書その他丙からの指示事項によって行うものとする。

第5条　乙に対する工事代金の支払時期は、甲と丙との間に締結された契約と同一の支払条件により、甲は丙から受領の都度、乙に支払うものとする。

本契約締結の証として本書2通を作成して、甲乙それぞれ各1通を保有する。
　　　　年　月　日
　　　　　　　　　　　　　　　　　　（甲）　甲株式会社　㊞
　　　　　　　　　　　　　　　　　　（乙）　乙株式会社　㊞

A　ご質問の契約書は、貴社と乙社の共同企業体が発注者との間において、内部的な分担を定める民法上の組合契約とは異なり、貴社が発注者である丙社から請け負った工事の一部（第2条に掲げる乙の分担工事）を第3条以下に定める条件（請負の対価及びその支払時期等）で乙社に施工させて、乙社はこれに応ずることを約すること、つまり、実質的に請負契約（下請契約）の成立を証明するものと認められますので、第2号文書（請負に関する契約書）に該当します。

　したがって、この文書の記載金額は、貴社と乙社間の請負契約に係る金額800万円（乙の分担工事費総額）となり、印紙税額は5,000円となります。

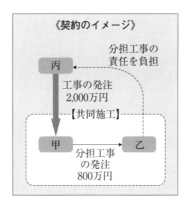

3−43 注文番号を記載した注文請書

> **Q** 当社（甲）は、取引先（乙）から①「注文書」の提出を受けた場合に、注文書の注文番号を記して②「注文請書」を作成し、交付しています。
> この注文請書は、印紙税法上、どのように取り扱われますか。

---

①

注文書

株式会社甲　御中

　下記のとおり、○○加工を注文いたします。

記

注文番号	28-5901
品名・仕様	○○加工
金　額	500,000円

年　月　日

株式会社乙　㊞

---

②

注文請書

株式会社乙　御中

　下記のとおり、○○加工をお請けいたします。

記

注文番号	28-5901
品名・仕様	○○加工

年　月　日

株式会社甲　㊞

A ご質問の②「注文請書」は、加工という、請負に関する事項についての請書ですので、第2号文書（請負に関する契約書）に該当します。

また、記載金額は、②「注文請書」に注文番号が記されており、契約当事者間において、当該請負の契約金額が明らかですので、①「注文書」に記載されている50万円となり、印紙税額は200円、納税義務者は貴社となります。

なお、①「注文書」については、意思の合致を証明する目的で作成されるものではありませんので、印紙税法上の契約書には該当しません。

3-44 見積書とワンライティングで作成する注文書

当社（甲）では、機械修理の見積り依頼を受けた場合に、①「見積書」と②「注文書」を事務簡素化のため、ワンライティングで作成してその依頼者（乙）に交付しています。

依頼者が機械修理を注文する場合は、②「注文書」に署名押印の上当社に返送することになっていますが、この注文書の番号が①「見積書」の番号と同一になっていますので、第2号文書（請負に関する契約書）に該当するのでしょうか。

```
①                    No.A-100
        見 積 書
                     年  月  日
株式会社乙　殿
  次のとおりお見積り申し上げます。
       （中略）
               株式会社甲　㊞
```

```
②                    No.A-100
        注 文 書
                     年  月  日
株式会社甲　殿
  次のとおり注文いたします。
       （中略）
               株式会社乙　㊞
```

A　注文書と表示された文書であっても、見積書その他の契約の相手方当事者の作成した文書等に基づく申込みであることが記載されている文書は、原則として契約書に該当します。

ご質問の②「注文書」は、①「見積書」と番号が同一となっていますが、事務簡素化の目的で作成されたものであり、その注文書上には、見積書に基づく申込みである旨が記載されていませんので、印紙税法上の契約書には該当しません。

3-45　見積書番号を記載した注文書

> **Q**　当社（甲）は、製品加工業者（乙）と（丙）から加工代金の見積書の提出を受けた場合に、見積書のとおり注文する際には、見積書の見積書番号等を記して、製品加工業者（乙）には（事例１）の「注文書」、製品加工業者（丙）には（事例２）の「注文書」を作成して交付しています。
>
> 　この注文書は、印紙税法上、どのように取り扱われますか。

（事例１）

```
                                    No.200
                   注文書
                         ×××1年6月1日
 株式会社乙　御中
   ×××1年5月15日付見積書番号A-601の
 貴社見積書のとおり注文します。
   お引き受けくださる場合は、10日以内
 にご連絡ください。


 ┌─────────┬──────────┐
 │ 品名・仕様 │ ○○製品加工 │
 ├─────────┼──────────┤
 │ 金　　額  │ 800,000円  │
 └─────────┴──────────┘
         （中　略）
              株式会社甲　㊞
```

（事例２）

```
                                    No.201
                   注文書
                         ×××1年6月10日
 株式会社丙　御中
   ×××1年5月20日付見積書番号B-602の
 貴社見積書のとおり注文します。
   10日以内にご連絡なき場合は、受諾し
 ていただいたものとみなします。


 ┌─────────┬──────────┐
 │ 品名・仕様 │ ○○製品加工 │
 ├─────────┼──────────┤
 │ 金　　額  │ 800,000円  │
 └─────────┴──────────┘
         （中　略）
              株式会社甲　㊞
```

第3章 印紙税の課否判定事例

A 　注文書と表示された文書であっても、見積書その他の契約の相手方当事者の作成した文書等に基づく申込みであることが記載されている文書は、原則として契約書に該当します。

　ご質問の事例1の注文書は、「お引き受けくださる場合は、10日以内にご連絡ください。」と記載されており、契約の成立については、乙社が契約の諾否を確認する手段を講じるということを求めていますから、注文書を貴社が乙社に差し入れる時点において、契約の成立を証明する目的で作成された文書とは認められませんので、印紙税法上の契約書には該当しません。

　一方、事例2の注文書は「10日以内にご連絡なき場合は、受諾していただいたものとみなします。」と記載されていますが、この記載は、改めて丙社に契約の諾否を求めるものではなく、丙社から貴社へなされた見積書を撤回又は取り消すことのできる期間を10日以内と定めているものですから、注文書を貴社が丙社に差し入れる時点において、契約の成立を証明する目的で作成された文書と認められますので、印紙税法上の契約書に該当します。

　したがって、事例2の注文書は、製品加工を委託する内容ですから、記載金額80万円の第2号文書（請負に関する契約書）に該当し、印紙税額は200円となります。

| 3-46 | **電磁的記録に変換して電子メールで送信した注文請書** |

> **Q** 当社は、受注業務の効率化のため、請負契約に係る注文請書の現物を受注先に交付することはせずに、ＰＤＦファイル等の電磁的記録に変換した媒体を電子メールを利用して送信することとしています。この場合、印紙税法上、どのように取り扱われますか。

注 文 請 書

第　　　号

年　月　日

_____ 殿

毎々格別のお引き立てを承り、誠にありがとうございます。
下記のとおりお受けさせていただきます。
ご査収のほど、よろしくお願いします。

株式会社　○○　㊞

案 件 名	
納入期限	
納入場所	
支払方法	

摘　　要	数　量	単　価	金　額
○○機械修理			
	小　　計		
	消費税等		
	合　　計		

第3章 印紙税の課否判定事例

A　印紙税の課税対象となるのは文書であることが前提となっています
　　ので、文書課税である印紙税においては、電磁的記録により作成され
た文書は課税の対象とはなりません。ご質問の注文請書は、申込みに対する応
諾文書であり、契約の成立を証するために作成されるものですが、注文請書の
調製行為を行ったとしても、注文請書の現物の交付がなされない以上、たとえ
注文請書を電磁的記録に変換した媒体を電子メールで送信したとしても、書面
として文書の作成がないため、課税文書を作成したことにはならず、印紙税は
課税されません。

　ただし、電子メールで送信した後に注文請書の現物を別途持参するなどの方
法により相手方に交付した場合には、課税文書の作成に該当し、現物の注文請
書に印紙税が課税されます。

3—47 工場下請契約内容変更合意書（原契約が電子契約書）

> Q 工事着工済の案件について、経済事情等の変動に伴い、工事内容を変更・追加する必要が生じたため、改めて工事注文者との間で請負代金の増額についての変更契約書を書面で交わすことになりました。
>
> この変更契約書は、印紙税法上、どのように取り扱われますか。
>
> なお、当初の請負契約書については、注文請書を電子契約書として互いに電子データのまま保存し、書面の作成をしていないことから、印紙を貼付していません。

工事下請契約内容変更合意書

　元請負人　甲株式会社と下請負人　乙株式会社とは、下記第1条に記載の工事請負契約（以下、「原契約」という。）に関して、下記第2条に記載の項目を変更することについて合意したので、本日この合意書を締結する。

1．原契約で取り決めた事項
　(1)　契約締結日　　　令和6年3月1日
　(2)　工事名称　　　　小学校体育館増築請負工事
　(3)　契約金額　　　　金55,000,000円（消費税額5,000,000円込み）

2．変更する項目
　(1)　工期の変更　　　無
　(2)　契約金額の変更　有
　　　　変更前契約金額　55,000,000円（消費税額5,000,000円込み）
　　　　変更後契約金額　77,000,000円（消費税額7,000,000円込み）
　　　　精算増減金額　　22,000,000円（消費税額2,000,000円込み）
　(3)　その他変更項目　無

3．その他の条項は、原契約のとおりとする。

　以上、本合意書締結の証として本書1通を作成し、各々が記名押印のうえ、元請負人が原本を保有し下請負人は写しを保有する。

令和6年3月31日
元請負人　　甲株式会社　　㊞
下請負人　　乙株式会社　　㊞

A　印紙税は、課税文書を「作成」した者に対して課税されます（印紙税法第3条）が、この「作成」の意義については、印紙税法基本通達第44条において明らかにされており、それによると、印紙税法に規定する課税文書の「作成」とは、単なる課税文書の調整行為をいうのではなく、課税文書となるべき用紙等に課税事項を記載し、これを当該文書の目的に従って行使することをいい、相手方に交付する目的で作成される課税文書については、当該「交付の時が作成の時」とされています。

　ご質問の契約書は、原契約である小学校体育館増築請負工事の契約金額を増額する変更契約となりますが、この原契約書は電磁的記録により作成・記録されたものであり、契約の相手方に対して書面により交付されたものではないことから、印紙税法では文書の「作成」がなされたとは言えません。

　そのため、印紙税法上、変更前の契約金額を証明した文書が存在しないこととなりますので、変更契約書（工事下請契約内容変更合意書）の変更後契約金額が当該文書の記載金額となります。

　したがって、ご質問の工事下請契約内容変更合意書は、小学校体育館増築請負工事を内容とする記載金額70,000,000円の第2号文書（請負に関する契約書）に該当し、印紙税額は6万円となります。

3-48 覚書（自社商品の販売促進業務を行うもの）

 当社（甲）は、自社商品の販売促進のために従業員を乙社の店舗に派遣し、店舗内の装飾、演出等の作業を行うに当たり、次の覚書を作成します。
この覚書は、印紙税法上、どのように取り扱われますか。

覚　書

甲株式会社（以下「甲」という。）と乙株式会社（以下「乙」という。）とは、乙の店舗を新規出店又は改装する際に、甲の従業員を乙の店舗に派遣して、以下の業務を行うことに合意し覚書を締結する。

第1条
派遣者が行う業務は、以下に定めるものに限る。
① 甲の商品の販売促進のために必要な装飾及び演出の作業。
② 乙の従業員等が行うことができない、甲の商品に係るデモ機の設定、映像ソフト等のインストール作業。

第2条
乙は、甲に対し、第1条に定める業務に係る費用のうち、乙が負担するものとして、派遣者の通常勤務地から乙店舗までに要する交通費及び1日1人当たり　　円を支払うものとする。

第3条
甲及び乙は、労働者派遣法及び職業安定法に則り、派遣者に対する指揮・命令は甲が行うものであることを確認する。

第4条
本覚書の有効期間は、本覚書の締結日から1年間とする。

（中略）

　年　月　日

　　　　　　　　　　　　　　　　　　　　　甲　株式会社　㊞
　　　　　　　　　　　　　　　　　　　　　乙　株式会社　㊞

第3章 印紙税の課否判定事例

A 　印紙税法は、請負に関する契約書を第2号文書として課税の対象としています。

この「請負」とは、当事者の一方がある仕事を完成することを約し、相手方がその仕事の結果に対して報酬を支払うことを約する契約です。

ご質問の覚書は、貴社の従業員が装飾及び演出の作業や、自社商品に係るデモ機の設定、映像ソフト等のインストール作業を行うことを定めるものであり、貴社がこれらの作業を完成することや、乙社が作業の結果に対して報酬を支払うことを定めるものではありませんので、第2号文書（請負に関する契約書）に該当しません。

また、貴社の従業員は、自社商品の販売促進のために業務を行っており、第7号文書（継続的取引の基本となる契約書）の要件である「売買に関する業務」を委託しているとまでは認められません。

したがって、ご質問の覚書には、他に課税事項の記載もないことから、いずれの課税文書にも該当しません。

219

変更契約書(消費税法の改正に伴い、消費税及び地方消費税の金額のみを変更するもの)

 既に締結した第2号文書(請負に関する契約書)に該当する工事請負契約書について、消費税及び地方消費税の金額のみを変更する契約書を作成しました。
　この変更契約書は、印紙税法上、どのように取り扱われますか。

(事例1)

> 変更契約書
> 　令和元年5月1日付工事請負契約書における当初の請負金額1,080,000円(うち消費税及び地方消費税80,000円)を1,100,000円(うち消費税及び地方消費税100,000円)に変更する。

(事例2)

> 変更契約書
> 　令和元年5月1日付工事請負契約書における消費税及び地方消費税を20,000円増額する。

(事例3)

> 変更契約書
> 　令和元年5月1日付工事請負契約書における当初の請負金額108,000円(うち消費税及び地方消費税8,000円)を110,000円(うち消費税及び地方消費税10,000円)に変更する。

変更前の契約（以下、「原契約」という。）が、第2号文書の課税事
項を含む場合において、この課税事項のうち、重要な事項（重要な事
項に密接に関連する事項を含む。）を変更する契約書は、原契約と同一の号に
所属が決定されます。

　そのため、第2号文書の重要な事項である契約金額を変更する契約書は、原
契約と同じ第2号文書に所属が決定されます。

　ところで、ご質問の事例1～3の変更契約書は、契約金額と消費税及び地方
消費税の金額（以下、「消費税額等」という。）が区分記載されていることから、
この消費税額等は契約金額には含めない取扱いとなりますが、この消費税額等
のみの変更は、重要な事項である契約金額と密接に関連する事項の変更に該当
します。

　したがって、事例1～3の変更契約書は、いずれも記載金額のない第2号文
書に該当します。

　ただし、事例3の変更契約書は、消費税額等の変更に伴い増額する金額が1
万円未満ですから、非課税文書として取り扱われます。

3−50 森林経営委託契約書

Q 今般、森林所有者の高齢化等に伴い森林経営を個人で行うことが困難となったことから、森林経営に関して専門的知識を有する者（森林組合等）に森林経営を委託する目的で、受託者との間で契約書を作成することとなりました。

この契約書は、印紙税法上、どのように取り扱われますか。

森林経営委託契約書

森林所有者甲と受託者乙は、甲が所有する森林の経営を目的として次の条項のとおり契約を締結する。

第1条　（契約の対象とする森林）

　この契約の対象とする森林は、別紙（略）に表示する森林（以下「契約対象森林」という。）とする。なお、契約対象森林にある立木竹は、甲に帰属する。

第2条　（委託事項）

　乙は、契約対象森林に関する次の事項を実施するものとする。

　⑴　立木竹の伐採、造林、保育その他の森林施業を実施すること

　⑵　森林の保護等のため、以下に掲げる事項を実施すること

　　ア　森林の現況把握

　　イ　火災の予防及び消防

　　ウ　盗伐、誤伐その他の加害行為の防止

　　エ　有害動物及び有害植物の駆除及びそのまん延の防止

　　オ　甲以外の者が所有する森林との境界の巡視

　　カ　ア又はオを実施した結果、異常を発見した時に行う必要な措置

（略）

　年　月　日

森林所有者　甲　㊞

受　託　者　乙　㊞

第3章 印紙税の課否判定事例

A　ご質問の文書は、第2条（委託事項）に「立木竹の伐採、造林、保育その他の森林施業を実施すること」や森林保護のために行うべきことが記載されています。

　これらの規定は、いずれも具体的な作業内容を定めておらず、受託者に委ねられていることから、当事者間において請負契約に該当するような仕事の完成を約したものであるとまではいえず、第2号文書（請負に関する契約書）には該当せず、課税文書には該当しません。

3-51 「金融機関借入用」と表示した約束手形

Q 当社は、銀行から事業資金を借り入れる際に、通常の手形に「金融機関借入用」の表示をし、借入金に係る利息の払込期日欄を付記したものを担保として銀行に提出することとしています。

この約束手形は、印紙税法上、どのように取り扱われますか。

No.＿＿1＿＿　**約 束 手 形**　　No.＿＿＿＿＿　　| 金融機関借入用 |

　　　　株式会社　　銀行
　　　　代表取締役　　　　　殿

| 支 払 期 日　　　年　月　　日 |
| 支 払 地　　　　市　　区 |
| 支 払 場 所　株式会社　銀行　支店 |

金額
　　　　￥3,000,000　※

上記金額をあなた又はあなたの指図人へこの約束手形と引替えにお支払いいたします

　　　年　月　日
振出地　　　市　　区
住　所
振出人　株式会社
　　　　代表取締役　　　　　　　㊞

| 利息払込期日（中間利払日） |
| 　　年　月　　日　　　　　㊞ |
| 　　　　　　　　年　月　　日 |

第3章 印紙税の課否判定事例

A 　印紙税法は、約束手形又は為替手形を第3号文書として課税の対象としています。この「約束手形又は為替手形」とは、手形法（昭7年法律第20号）の規定により約束手形又は為替手形たる効力を有する証券をいいます。

　ところで、ご質問の約束手形は、事業資金借入れのために「金融機関借入用」の表示をするとともに、借入金に係る利息の払込期日欄を付記して銀行に提出するものですが、金融機関借入用の表示や利息の払込期日欄を付記しても手形の効力に影響はありませんから、第3号文書（約束手形）に該当し、記載された手形金額は300万円ですから、印紙税額は600円となります。

3-52 ゴルフクラブ会員証

Q 当ゴルフクラブでは、会員に会員証を発行しています。この会員証は、印紙税法上、どのように取り扱われますか。

　　　　　　　　　　カントリークラブ会員証　　　　第　　号

_____殿

一、この会員証は、あなたが○○カントリークラブの会員である資格を有せられることを証します。
二、本会員の資格は、この会員証とともに、これを他人に譲り渡すことができます。
三、この会員証を譲り受けた人は、当クラブが同番号の保証金預り証に名義変更承認の記載をすることによって、前会員と同等の会員であることの資格を得られます。
　　なお、この場合、本証と引換えに譲受人名義記載の同一会員証を交付いたします。
四、本会員は、別に定める○○カントリークラブ規定の適用を受けます。

　年　月　日
　　　　　　　　　　　　　　　　　　○○カントリークラブ
　　　　　　　　　　　　　　　　　　　_____㊞

A 印紙税法は、出資証券を第4号文書として課税の対象としています。この「出資証券」とは、相互会社（保険業法（平7年法律第105号）第2条第5項（定義）に規定する相互会社をいいます。）の作成する基金証券及び法人の社員又は出資者たる地位を証する文書をいいます。

　ところで、ご質問の会員証は、会員資格を証するものですが、法人の出資者たる地位を証するものではありませんから、第4号文書（出資証券）に該当しません。

　したがって、ご質問の会員証は、他に課税事項の記載もないことから、いずれの課税文書にも該当しません。

第3章 印紙税の課否判定事例

 3-53　出資証券

> **Q** 当農業協同組合連合会では、当連合会に出資をした各協同組合に対し、次の出資証券を発行することとしています。
> この出資証券は、印紙税法上、どのように取り扱われますか。

　　　　　　　　　　　　　　　　　　　　　　　　　　第　　号

　　　　　　　　出　資　証　券
　　　　　　　　一口券（金1万円：全額払込）

△△農業協同組合　殿

　本連合会定款の規定に基づき、出資されたので、その証としてこれを交付します。
一、この券を他に譲渡しようとするときは会長の承認を経なければ効力がありません。
二、この券は、質入することはできません。

　　年　月　日
　　　　　　　　　　　　　　　　　　　○○農業協同組合連合会
　　　　　　　　　　　　　　　　　　　　理事長　　　　㊞

A　ご質問の出資証券は、農業協同組合連合会が作成する出資証券ですから、令第25条（出資証券が非課税となる法人の範囲）の規定により、非課税となります。

　なお、出資証券が非課税とされるのは次の法人が作成したものです（協同組織金融機関の優先出資に関する法律（平5年法律第44号）に規定する優先出資証券を除きます。）。

順号	法　人　名
1	協業組合、商工組合及び商工組合連合会
2	漁業共済組合及び漁業共済組合連合会
3	商店街振興組合及び商店街振興組合連合会
4	消費生活協同組合及び消費生活協同組合連合会
5	信用金庫及び信用金庫連合会
6	森林組合、生産森林組合及び森林組合連合会
7	水産業協同組合
8	生活衛生同業組合、生活衛生同業小組合及び生活衛生同業組合連合会
9	中小企業等協同組合
10	農業協同組合、農業協同組合連合会及び農事組合法人
11	農林中央金庫
12	輸出組合及び輸入組合
13	労働金庫及び労働金庫連合会

3-54 協同組合の定款

当協同組合の設立に当たり定める定款は、印紙税法上、どのように取り扱われますか。

協同組合定款

第1条　本組合は組合員の相互扶助の精神に基づき協同して経済活動を促進し、且つ、その経済的地位の向上を図ることを目的とする。
第2条　本組合は、　　　協同組合と称す。
第3条　本組合の地区は　　市一円の区域とする。
（　中　略　）
　以上、　　協同組合を設立するため、この定款を作り各発起人それぞれ署名押印する。
　　　　年　月　日
　　　　　発起人　　　　　㊞　発起人　　　　　㊞
　　　　　発起人　　　　　㊞　発起人　　　　　㊞

第6号文書に規定する定款とは、株式会社、合名会社、合資会社、合同会社及び相互会社の定款をいいます。

ご質問の定款は、協同組合の定款ですから、第6号文書に該当せず、また他に課税事項の記載もないことから、いずれの課税文書にも該当しません。

3-55 商品売買基本契約書

Q 当社(甲)は、音響製品を購入するに当たり、仕入先(乙)との間で商品売買基本契約書を作成します。
この契約書は、印紙税法上、どのように取り扱われますか。

商品売買基本契約書

甲株式会社(以下「甲」という。)と乙株式会社(以下「乙」という。)とは、乙の取り扱う音響製品(以下「商品」という。)の売買に関して契約を締結する。

第1条 甲は乙の商品を継続的に購入する。

第2条 本契約による取引商品の種類及び価格は、別途協議して定める。

第3条 乙は、毎月甲に対する前月21日からその月20日までの納入高を締め切り、甲に対して商品代金の支払を請求する。

第4条 甲の乙に対する支払期日は、乙から請求を受けた月の翌月10日とし、甲は乙の指定する預金口座へ振り込むこととする。

第5条 甲が乙に対する商品代金の支払を怠った場合は、甲は乙に対し、第4条に定める支払期より支払済みに至るまでの期間につき、日歩5銭の割合により遅延損害金を支払うものとする。

第6条 本契約の有効期間は、締結日より1年間とする。ただし、期間満了の際、甲乙双方より別段の申出のない場合には、自動的に1年間延長するものとし、以後の満期の際においても同様とする。

(中 略)

年 月 日

甲 株式会社 ㊞
乙 株式会社 ㊞

第3章 印紙税の課否判定事例

A 　特定の物品を単発で売買することを約する契約書は印紙税の課税対象とはなりませんが、継続的な売買に関する契約書については、その記載内容によって印紙税の課税対象となる場合があります。

　ご質問の契約書は、契約期間が3か月を超えるものであり、かつ、営業者である貴社と乙社との間で、音響製品の継続的な売買取引に共通して適用される取引条件のうち、目的物の種類（音響製品）、対価の支払方法及び債務不履行の場合の損害賠償の方法（遅延損害金の支払条項）を定めたものですから、第7号文書に該当し、印紙税額は4,000円となります。

3-56 取引基本契約書

 これらの契約書は、いずれも、電気製品の製造業者である甲と、小売業者である乙との間において、甲の電気製品の売買に関する内容を定めたものです。
これらの契約書は、印紙税法上、どのように取り扱われますか。

（事例1）

取引基本契約書

　甲株式会社（以下「甲」という。）と乙株式会社（以下「乙」という。）との間に電気製品（以下「商品」という。）の売買に関し、次のとおり契約を締結する。
第1条　甲は商品を乙に売渡し、乙はこれを買い受けるものとする。
第2条　商品の価格については、毎月甲が決定し、乙に通知する。
（　中　略　）
第6条　本契約の有効期間は、　　年　月　日より1年間とし、契約期間満了に際し、甲乙双方異議がない場合は更に1年間継続するものとする。
　上記契約を証するため、本書2通を作成し、署名捺印の上各自1通を所持する。
　　　　　　　　　　　　　　　　　　　　　　　年　月　日
　　　　　　　　　　　　　　　　　　　　甲　株式会社　㊞
　　　　　　　　　　　　　　　　　　　　乙　株式会社　㊞

（事例2）

取引基本契約書

　甲株式会社（以下「甲」という。）と乙株式会社（以下「乙」という。）とは、甲の取扱商品（以下「商品」という。）に係る売買に関し、次のとおり契約を締結する。
第1条　甲は商品を乙に売渡し、乙はこれを買い受けるものとする。
第2条　個々の取引における品名、価格については、その都度協議し、決定する。
（　以　下　省　略　）

第3章　印紙税の課否判定事例

　　　印紙税法上、営業者の間において、売買、売買の委託、運送、運送
Ａ　　取扱い又は請負に関する２以上の取引を継続して行うため作成される
契約書で、これら２以上の取引に共通して適用される取引条件のうち目的物の
種類、取扱数量、単価、対価の支払方法、債務不履行の場合の損害賠償の方法
又は再販売価格を定めるものは、第７号文書（継続的取引の基本となる契約
書）に該当します。

　ところで、目的物の種類とは、取引の対象の種類をいいますから、その取引
が売買である場合には売買の目的物をいい、具体的には、テレビやステレオと
いうような物品の品名だけでなく、楽器、食料品、家庭用品というように共通
の性質を有する多数の物品を包括する名称も含むとされています。

　ご質問の契約書は、いずれも営業者の間において継続して商品の売買を行う
ことを定めたものですが、事例１の契約書にある「電気製品」という文言は、
共通の性質を有する多数の物品の名称で、目的物の種類が定められていますの
で、第７号文書に該当し、印紙税額は4,000円となります。

　一方、事例２の契約書にある「甲の取扱商品」という文言は、取引の対象と
して抽象的であり、目的物の種類を定めたものに当たらないため、第７号文書
に該当せず、他に課税事項の記載もないことから、いずれの課税文書にも該当
しません。

233

3-57 覚書（取扱数量を定めるもの①）

 当社（甲）は、製造業者である乙との間で機械の売買に関する内容を定めた覚書を作成します。
この覚書は、印紙税法上、どのように取り扱われますか。

覚　書

甲株式会社（以下「甲」という。）と乙株式会社（以下「乙」という。）は、次の内容について覚書を締結する。
第1条　甲は、×××1年3月1日より×××2年2月28日までの間に、乙が製造する機械を1か月当たり25台以上仕入れ、拡販するものとする。
第2条　乙は甲の仕入実績額に対して、5％相当額のリベートを支払うものとする。
（　中　略　）
第8条　本覚書に記載されていない事項については、甲乙協議の上、別途定めるものとする。
　上記契約の証として本書2通を作成し、甲乙署名捺印の上、それぞれ1通を保有するものとする。

×××1年2月26日
甲　株式会社　㊞
乙　株式会社　㊞

第3章 印紙税の課否判定事例

A　印紙税法上、営業者の間において、売買、売買の委託、運送、運送取扱い又は請負に関する2以上の取引を継続して行うため作成される契約書で、これら2以上の取引に共通して適用される取引条件のうち目的物の種類、取扱数量、単価、対価の支払方法、債務不履行の場合の損害賠償の方法又は再販売価格を定めるものは、第7号文書（継続的取引の基本となる契約書）に該当します。

また、ここでいう「取扱数量」とは、取扱量として具体性を有するものをいい、一定期間における最高又は最低の取扱（目標）数量を定めるものや、金額により取扱目標を定める場合の取扱目標金額を定めるものも該当します。

したがって、例えば「1か月の最低取扱数量は50トンとする。」、「1か月の取扱目標金額は100万円とする。」とするものは「取扱数量」に該当しますが、「毎月の取扱数量は当該月の注文数量とする。」とするものは、取扱量として具体性を有していませんから、これには該当しません。

ところで、ご質問の覚書は、営業者である甲乙の間において、機械の売買に関する2以上の取引を継続して行うため作成されるものですが、この覚書に記載する「1か月当たり25台以上」とは、取扱量として具体性を有していますから、2以上の売買取引に共通して適用される取引条件のうちの「取扱数量」を定めるものに該当し、第7号文書に該当し、印紙税額は4,000円となります。

3−58 覚書（取扱数量を定めるもの②）

 当社（甲）は、乙との間で、甲が甲の顧客に対して販売する乙の商品の売買に関する内容を定めた覚書を作成します。この覚書は、印紙税法上、どのように取り扱われますか。

覚　書

　甲株式会社（以下「甲」という。）と乙株式会社（以下「乙」という。）は、乙の商品について、次のとおり覚書を締結する。
（目標販売数）
第1条　甲及び乙は、甲が甲の顧客に対して販売する乙の商品の目標販売数について、次のとおり合意する。
　⑴　対象店舗　　　　　　　店
　⑵　商　　品　　甲が対象店舗において販売する乙の商品
　⑶　期　　間　　　年　月　日から　年　月　日
　⑷　目標販売数　　1,000個
（報告）
第2条　甲は、乙に対し、前条に定める期間における甲　　　店での商品の甲の顧客に対する販売数について、　年　月　日までに報告する。
（販売促進協力金の支払方法）
第3条　乙は、前条により報告された販売数が第1条に定める目標販売数を超えるときは、甲に対し、当該報告後　日以内に販売促進協力金　　円を支払う。

（　中　略　）

　　　　　　　　　　　　　　　　　　　　　　　年　月　日
　　　　　　　　　　　　　　　　　　　　　甲　株式会社　㊞
　　　　　　　　　　　　　　　　　　　　　乙　株式会社　㊞

第3章 印紙税の課否判定事例

　　印紙税法上、営業者の間において、売買、売買の委託、運送、運送
Ａ　取扱い又は請負に関する２以上の取引を継続して行うために作成され
る契約書で、これら２以上の取引に共通して適用される取引条件のうち目的物
の種類、取扱数量、単価、対価の支払方法、債務不履行の場合の損害賠償の方
法又は再販売価格を定めるものは、第７号文書（継続的取引の基本となる契約
書）に該当し、印紙税額は4,000円となります。

　また、ここでいう「取扱数量」とは、取扱量として具体性を有するものをい
い、一定期間における最高又は最低の取扱（目標）数量を定めるものや、金額
により取扱目標を定める場合の取扱目標金額を定めるものも該当します。

　したがって、例えば「１か月の最低取扱数量は50トンとする。」、「１か月の
取扱目標金額は100万円とする。」と定めるものは「取扱数量」に該当しますが、
「毎月の取扱数量は、当該月の注文数量とする。」と定めるものは、取扱量と
して具体性を有していませんから、これには該当しません。

　ところで、ご質問の覚書は、営業者である貴社と乙社との間において、一定
期間における貴社の店舗での、乙の商品の目標販売数を定めるものですが、こ
の覚書が定める目標販売数は、貴社による貴社の顧客への目標販売数であって、
貴社と乙社との間の売買に関する「取扱数量」を定めたものに当たらないため、
第７号文書には該当せず、また、他に課税事項の記載もないことから、いずれ
の課税文書にも該当しません。

3-59 売買基本契約書

当社(甲)は、当社が製造販売する商品について、小売業者である乙との間で売買基本契約書を作成します。
この契約書は、印紙税法上、どのように取り扱われますか。

売買基本契約書

　甲株式会社(以下「甲」という。)と乙株式会社(以下「乙」という。)は、甲が製造販売する商品について次のとおり契約する。
第1条　甲は乙に対して、将来継続して、甲の製造販売する商品を売り渡すものとする。
第2条　売買される商品の品名、数量、単価、引渡条件、代金支払期限は、その都度の個別契約において定め、乙の注文書と甲の注文請書の交換により、甲の注文請書の交付の時に個別契約が成立する。
（　中　略　）
第8条　売買代金は個別契約に従い、支払期日までに現金又は小切手で支払う。
第9条　本契約の有効期間は、　　年　月　日より満1年間とする。
　本契約締結の証として本書2通を作成し、甲乙署名捺印の上、それぞれ1通を保有するものとする。

　　　　　　　　　　　　　　　　　　　　　　　　　年　月　日
　　　　　　　　　　　　　　　　　　　　　　甲　株式会社　㊞
　　　　　　　　　　　　　　　　　　　　　　乙　株式会社　㊞

第3章 印紙税の課否判定事例

A 　印紙税法上、営業者の間において、売買、売買の委託、運送、運送取扱い又は請負に関する2以上の取引を継続して行うため作成される契約書で、これら2以上の取引に共通して適用される取引条件のうち目的物の種類、取扱数量、単価、対価の支払方法、債務不履行の場合の損害賠償の方法又は再販売価格を定めるものは、第7号文書（継続的取引の基本となる契約書）に該当し、印紙税額は4,000円となります。

　また、ここでいう「対価の支払方法」とは、例えば、「毎月分を翌月10日に支払う。」、「60日手形で支払う。」、「預金口座振替の方法により支払う。」、「借入金と相殺する。」等のように、対価の支払に関する手段・方法を具体的に定めるものをいいます。

　ただし、「○○銀行にて支払う。」というように、単に支払う場所を定めるものや振込先の銀行を変更するもの、更には、取立代金を月単位で決済している場合において、その支払日は変更せずに、その月の締切日を変更するものなどは、対価の支払方法を定めるものには該当しません。

　ところで、ご質問の契約書は、営業者である貴社と乙社との間で、貴社の商品の売買に関する2以上の取引を継続して行うため作成されるものですが、この契約書第8条に記載する「支払期日までに現金又は小切手で支払う。」とは、対価の支払に関する手段・方法を具体的に定めていますから、2以上の売買取引に共通して適用される取引条件のうちの「対価の支払方法」を定めるものに該当し、第7号文書に該当します。

3-60　問屋契約書

 当社（甲）は、問屋業者である乙との間で当社が製造する電気製品の販売を委託する内容を定める契約書を作成します。この契約書は、印紙税法上、どのように取り扱われますか。

問屋契約書

甲株式会社（以下「甲」という。）と乙株式会社（以下「乙」という。）は、次の問屋契約を締結する。
第1条　委託者である甲は、問屋業者である乙に対し、自己製造に係る電気製品を第2条以下の約定で販売することを委託し、乙はこれを承諾した。
第2条　甲は、前条の電気製品を毎月○台、乙に送付する。
　　　　なお、電気製品に瑕疵があったときは、乙は直ちに甲に報告しなければならない。
第3条　甲は電気製品の販売価格を指示する。ただし、その価格を指示しなかったときは、乙は時価をもって販売することができる。
第4条　乙の販売手数料は、販売代金の10％とする。
第5条　乙は、毎月末日までに販売数量とその販売代金を計算し、翌月10日にその報告とともに、販売代金から前条の手数料を控除した残額を甲に支払わなければならない。
第6条　本契約は、　　年　月　日から　　年　月　日までの1年間とする。ただし、契約期間満了に際し、甲乙双方異議がない場合は更に1年間継続するものとする。

　上記契約を証するため、本書2通を作成し、署名捺印の上各自1通を所持する。
　　　　年　月　日
　　　　　　　　　　　　　（委託者）　甲　株式会社　㊞
　　　　　　　　　　　　　（問屋業者）乙　株式会社　㊞

第3章 印紙税の課否判定事例

A 印紙税法上、営業者間において、売買、売買の委託、運送、運送取扱い又は請負に関する2以上の取引を継続して行うために作成される契約書で、これら2以上の取引に共通して適用される取引条件のうち目的物の種類、取扱数量、単価、対価の支払方法、債務不履行の場合の損害賠償の方法又は再販売価格を定めるものは、第7号文書（継続的取引の基本となる契約書）に該当し、印紙税額は4,000円となります。

　売買の委託とは、特定、個別の物品等を販売し又は購入することを相手方に委託することをいい、例えば、自己の名をもって他人のために物品の販売又は買入れをなすことを業とする問屋業者と販売又は買入れを委託する委託者との関係は、売買の委託に該当します。

　ご質問の契約書は、貴社の電気製品の販売を問屋業者である乙社に継続的に委託するものであり、2以上の売買の委託に共通して適用される取引条件のうち、目的物の種類、取扱数量、対価の支払方法を定めていますから、第7号文書に該当します。

241

3-61 見積単価決定通知書

Q 当社は、金属製品の製造業者です。

外注先から連絡を受けた単価の見積内容を検討し、決定した場合に、その旨をこの通知書により外注先に通知しています。

この通知書は、印紙税法上、どのように取り扱われますか。

見積単価決定通知書　　　No._____

年　月　日

_____御中　　株式会社_____　㊞

下記のとおり見積に対し承認致しました

社長印	部長印	課長印	係長印	係　印

決定日　　年　月　日

品　　名	数　量	単　価	新　改	従来単価
			新・改	
			新・改	
			新・改	

（摘要）工程・参考資料

原価内容検討

指示

242

A 　通知書、連絡書等の文書は、一般的には、契約の成立等を証明する目的で作成されるものではありませんから、印紙税法上の契約書には該当しません。

　しかしながら、ご質問の通知書のように、単価を取り決める際に作成される、いわゆる単価決定通知書と称される文書については、次のいずれかに該当する場合には契約書として取り扱われることとなります。

　ただし、②から⑤に該当しても契約の相手方当事者が別に契約の成立を証明する文書を作成することが記載されている場合は除かれます。

①　その文書に契約当事者双方の署名又は押印があるもの

②　その文書に「見積単価」と「決定単価」、「申込単価」と「決定単価」又は「見積No.」等の記載があることにより契約当事者の間で協議の上単価を決定したと認められるもの

③　委託先から見積書等として提出を受けた文書に決定した単価を記載してその委託先に返却するもの

④　その文書に「契約単価」、「協定単価」又は「契約納入単価」等、通常契約の成立等の事実を証すべき文言の記載があるもの

⑤　契約当事者間で協議の上決定した単価を、その文書により通知することが基本契約書等で取り決められているもの

　ご質問の通知書は、上記②に当たりますから、印紙税法上の契約書に該当します。

　また、この通知書は、請負に関する継続的取引に共通して適用される取引条件のうちの単価を定めるものですから、契約金額の記載のない第2号文書（請負に関する契約書）と第7号文書（継続的取引の基本となる契約書）とに該当し、通則3イのただし書の規定により、第7号文書に所属が決定され、印紙税額は4,000円となります。

3-62 支払方法等通知書

この通知書は、基本契約書で取り決めていなかった支払条件を販売先に通知するものですが、印紙税法上、どのように取り扱われますか。

　　　　　　　　　　　　　　　　　　　　　　　　　年　月　日

甲株式会社　御中

　　　　　　　　　　　　　　　　　　　　　　　　乙株式会社

　　　　　　　　　　　支払方法等通知書

1　納入締切日　　毎月末日
2　支払日　　　　翌月20日
3　支払方法　　　指定口座への振り込み
4　検収完了期日　納品後10日
5　検収方法　　　当社検収高通知書で双方確認後、検収します。
6　有効期間　　　　年　月　日から1年間
　　　　　　　　ただし、この期間内に変更する場合は改めて通知します。

《参考》基本契約書

　　　　　　　　　　　売買取引基本契約書

甲株式会社（以下「甲」という。）と乙株式会社（以下「乙」という。）は、売買取引基本契約について、次のとおり合意した。

　　　　　　　　　　　　（中　略）

第9条（支払方法）
納入代金の支払方法、支払期日については、甲乙協議のうえ、別に定める「支払方法等通知書」によるものとする。

第3章 印紙税の課否判定事例

（以下省略）

年　月　日

甲　株式会社　㊞

乙　株式会社　㊞

　　　ご質問の文書は、「支払方法等通知書」という名称が付された文書
Ａですが、基本契約書に代金の支払方法は「支払方法等通知書」による
ことが記載されており、当事者間の合意に基づくものであることが明らかです
から、印紙税法上の契約書に該当します。

　また、営業者間において継続する2以上の売買取引に共通して適用される取
引条件のうち、対価の支払方法を定めるものですから、第7号文書（継続的取
引の基本となる契約書）に該当し、印紙税額は4,000円となります。

（参考）

　「通知書」等と称する文書については、その文書の記載内容等からみて、当
事者間の協議に基づき決定した支払条件等を販売先との間で確認し、後日の証
とするため作成されるものは、印紙税法上の契約書に該当します。

したがって次のような通知書等は、印紙税法上の契約書として取り扱われます。

①　相手方の申込みに対して応諾することがその文書上明らかなもの

②　基本契約書などを引用していることにより、双方の合意に基づくもので
　　あることが明らかなもの

③　当事者間で協議の上決定した事項を、当該文書により通知することが基
　　本契約書等に記載されているもの。

ソフトウェア保守契約書

> **Q** 当社（甲）は、コンピュータ会社（乙）に開発を依頼して作成したソフトウェアについて、乙社に保守業務を委託するに当たり、次のソフトウェア保守契約書を作成することとしています。
> この契約書は、印紙税法上、どのように取り扱われますか。

ソフトウェア保守契約書

甲株式会社（以下「甲」という。）と乙株式会社（以下「乙」という。）とは、甲が乙に対してソフトウェアプログラムの保守を委託するに当たって、次のとおり契約する。

第1条　甲は乙に対して以下のソフトウェアプログラムの保守業務を委託し、乙はこれを有償で引き受ける。

　　　　年　月　日付ソフトウェア開発委託契約（以下「原契約」という。）に基づき、乙が開発した○○ソフトウェアプログラム

第2条　本契約により乙が実施する保守業務は、次のとおりとする。

　1　原契約に定める保証期間経過後のシステムの稼働不良に関する原因調査・修復及びプログラムの修復

　2　本件プログラムに対する新たな機能の追加若しくは改造又は甲の要請に基づく機能の変更及び変更後のテスト

第3条　保守料金は、次の基準単価に作業時間を乗じて算出した金額とし、毎月20日締めの翌月10日に現金で支払う。

　基準単価　1時間当たりの料金（平日）　　○○○円
　　　　　　1時間当たりの料金（夜間）　　○○○円

第4条　本契約の有効期間は、原契約の納品日より1年間とする。

　　　年　月　日

　　　　　　　　　　　　　　　　　　　　　　甲　株式会社　㊞
　　　　　　　　　　　　　　　　　　　　　　乙　株式会社　㊞

第3章 印紙税の課否判定事例

A　ご質問の契約書は、甲所有のプログラムの保守業務という無形の仕事の完成を約し、それに対して報酬を支払うことを定めるものですから、第2号文書（請負に関する契約書）に該当します。契約金額は、単価の記載はありますが、実際の作業時間が不明であり、計算ができないため、記載金額がない第2号文書に該当します。

　また、この契約書は、貴社とコンピュータ会社という営業者間において請負に関する2以上の取引を継続して行うために作成されるもので、第1条において目的物の種類（保守業務）、第3条において単価及び対価の支払方法が具体的に定められていますから、第7号文書（継続的取引の基本となる契約書）にも該当します。

　したがって、ご質問の契約書は、契約金額の記載のない第2号文書と第7号文書に該当し、通則3イのただし書の規定により、第7号文書に所属が決定され、印紙税額は4,000円となります。

3-64 ソフトウェア製品販売代理店契約書

> Q 当社（甲）では、当社が著作権を有する市販ソフトウェア（以下「パッケージソフトウェア」といいます。）について、乙を販売代理店とするに当たり、次のソフトウェア製品販売代理店契約書を作成することとしています。
>
> この契約書は、印紙税法上、どのように取り扱われますか。

ソフトウェア製品販売代理店契約書

甲株式会社（以下、「甲」という。）と乙株式会社（以下「乙」という。）は、ソフトウェアの複製物（以下、「本件ソフトウェア」という。）に関し、以下のとおり販売代理店契約を締結する。

第1条　（目的）
　　　　甲は、本件ソフトウェアを乙に売り渡し、乙は甲の販売代理店として、甲の指定する地域（以下、「指定地域」という。）で第三者に再販売するものとする。

第2条　（販売条件）
　　① 甲は乙に対して本契約の有効期間中、指定地域内の第三者に対する本件ソフトウェアの再販売を許諾し、乙はこれを受託する。
　　② 乙は、甲の指定する再販売契約書に基づき、顧客に対して本件ソフトウェアを販売するものとする。

第3条　（販売価格、再販売価格）
　　① 本件ソフトウェアについての販売価格は、甲が決定するものとする。
　　② 本件ソフトウェアについての再販売価格は、乙が決定するものとする。
　　③ 乙は、本件ソフトウェアの購入代金を本件ソフトウェア受領後30日以内に、甲に支払うものとする。
　　④ 乙は、本件ソフトウェアの購入代金を甲の指定する銀行口座に送金して支払うものとする。

第3章 印紙税の課否判定事例

第4条　（契約期間及び更新）

　　　本契約の有効期間は、甲及び乙が本契約書に調印した日から1年間とし、期間満了2か月以上前に相手方より通知がなされないときは1年間更新されるものとし、その後も同様とする。

　　　年　　　月　　　日

　　　　　　　　　　　　　　　　　　　　　甲　株式会社　㊞
　　　　　　　　　　　　　　　　　　　　　乙　株式会社　㊞

A　ご質問の契約書は、貴社と乙社との間で、パッケージソフトウェアの販売に当たり、乙社を代理店とすること及び取引に当たっての基本的な事項を定めるものです。

　ところで、営業者間において、売買に関する2以上の取引を継続して行うため作成される契約書で、2以上の取引に共通して適用される取引条件のうち、目的物の種類、取扱数量、単価、対価の支払方法、債務不履行の場合の損害賠償の方法又は再販売価格を定めるものは第7号文書（継続的取引の基本となる契約書）に該当します。

　ご質問の契約書は、営業者である貴社と乙社との間で、継続的な売買取引について共通して適用される目的物の種類（ソフトウェア）及び対価の支払方法（ソフトウェアの受領後30日以内に銀行振込）を定めるものですから、第7号文書に該当します。

3-65 基本契約書

 当社（甲）は、乙との間で売買及び請負取引を開始するに当たり、売買及び請負取引に関する事項について定めた次の基本契約書を作成することとしています。
この基本契約書は、印紙税法上、どのように取り扱われますか。

基本契約書

甲株式会社（以下「甲」という。）と乙株式会社（以下「乙」という。）とは、売買、請負等に関し、基本的事項を定めるため、次のとおり契約を締結する。

第1条（基本契約の適用）
① 本契約は、甲の資材部門を通じて発注される一切の注文品に係る売買、請負等に関する契約（以下「個別契約」という。）に適用される。ただし、甲及び乙が個別契約において本契約の規定と異なる合意をした場合にはこの限りではない。
② 本契約において「注文品」とは、甲の注文に基づき乙から甲に納入される物品（ソフトウェアを含む。）並びに乙から甲に提供される役務をいう。

第2条（個別契約）
　乙が甲に納入する注文品の品名、内容、仕様、数量、単価、品質水準、納期、納入場所、その他当該個別契約の履行に必要な条件は、本契約に定めるものを除き、個別契約の都度甲乙協議のうえ決定する。

第3条（固有著作物に関する権利）
　ソフトウェア等の著作物である注文品に関する著作権並びに発明、考案、意匠、情報、技術等及びこれらに関し工業所有権を受ける権利その他一切の権利は、すべて甲に移転するものとし、乙は著作者人格権を行使しないことに同意する。

第4条（契約の有効期間）
　本契約の有効期間は　　年　月　日から　　年　月　日までとする。ただし、期間満了3か月前までに甲乙いずれからも何らの請求がないときはさらに1年間これを延長する。

（以下省略）

第3章　印紙税の課否判定事例

　　　ご質問の契約書は、貴社と乙社の間における売買及び請負取引に関
　　　する基本的事項を定めるものですが、請負に関する事項は、第2号文
書（請負に関する契約書）に該当します。

　ところで、営業者間において、売買、売買の委託、運送、運送取扱い又は請
負に関する2以上の取引を継続して行うため作成される契約書で、2以上の取
引に共通して適用される取引条件のうち、目的物の種類、取扱数量、単価、対
価の支払方法、債務不履行の場合の損害賠償の方法又は再販売価格を定めるも
のは第7号文書（継続的取引の基本となる契約書）に該当します。

　ご質問の契約書の場合、第1条②に注文品として「ソフトウェア」を含むこ
とが記載されており、このソフトウェアは目的物の種類に該当するため、第7
号文書にも該当します。

　更に、契約書第3条では、著作権が乙社から貴社へと移転するとされており、
著作権は印紙税法上「無体財産権」に属しますので、第1号の1文書（無体財
産権の譲渡に関する契約書）にも該当します。

　したがって、ご質問の契約書は、契約金額のない第1号の1文書及び第2号
文書並びに第7号文書に該当し、通則3イのただし書の規定により、第7号文
書に所属が決定され、印紙税額は4,000円となります。

251

3-66 納入仕様書

Q 当社は、建設機械の製造及び販売を業とする法人です。

当社では、機械製造用部品の購入先又は外注先から提出を受けた次の納入仕様書（納入部品の使用、規格等を定めるもの）に承認印を押印して返戻しています。

この納入仕様書は、印紙税法上、どのように取り扱われますか。

仕様書番号 _____

○○株式会社　殿

納入仕様書

品名 _____　品番 _____

この書類を承認します。			
年　月　日			
○○株式会社			
設計部門			技術
承認	検印	担当	部長

発行日　　年　月　日

発行元　　△△株式会社　品質保証担当

有効期限	年　月　日

承認	検印	担当	部長

※本内容について変更がない限り2年を周期として自動延長する。

（添付の規格書、外形図等省略）

A この文書は、継続的な部品の購入又は外注取引に当たって、受注者が取引の対象となる個々の部品の仕様、規格、外形等を定めた文書（納入仕様書）を発注者に提出し、これに発注者が押印して返却するものですから、当事者間において取引する対象物の詳細についての合意を証明する目的で作成される文書ということになります。

つまり、発注者の押印は、受注者からの申込みに対する応諾の事実を証明するものと解釈されます。

したがって、この文書は印紙税法上の契約書となり、営業者間において継続的に行われる2以上の売買又は請負の「目的物の種類」を定める文書と認められますので、第7号文書（継続的取引の基本となる契約書）に該当します。

この場合の納税義務は、貴社が承認印を押して返却する時に成立し、納税義務者は貴社となります。

なお、「納入仕様書」を称する文書であっても、受注者及び発注者が単に文書を受領したことを通知する目的で「受領印」を押印して返却するものは、課税文書には該当しません。

3-67　電力受給契約書

 この文書は、太陽光発電設備設置者（サラリーマン）と電力会社との間で、電力受給について定めた契約書ですが、印紙税法上、どのように取り扱われますか。

電力受給契約書

○○株式会社（以下「甲」という。）と太陽光発電設備設置者の△△（以下「設置者」という。）は、設置者の太陽光発電設備（以下「発電設備」という。）の発生電力を甲に供給することについて、次のとおり契約を締結する。

第1条（目的）
　本契約は、設置者の発電設備からの発生電力を全て甲に供給し、甲がその電力を受電することを目的とする。

第2条（受給電力及び受給電力量の計量）
　受給電力及び受給電力量の計量は、受給地点に甲が設置した取引用電力量計によって行うものとする。
　取引用電力量計は甲の所有とし、保守管理等は甲が行う。

第3条（受給電力料金の算定）
　甲が設置者に支払う受給電力量料金は、第2条によって計算された毎月の実績受給電力量1kwあたり、受給電力量料金単価　　円を乗じた値に、燃料費調整額を加算又は減算した値とする。

第4条（受給電力量料金の支払）
　甲は、設置者に対し、第3条により算定された受給電力量料金を毎月末に設置者の指定する銀行口座に振込むものとする。

第3章 印紙税の課否判定事例

第5条（契約期間）

本契約締結日から1年間とする。

ただし、期間満了の1か月前までに甲及び設置者のいずれの側からの申し出がない場合は、本契約を1年間延長するものとする。

（中　略）

　　　　　　　　　　　　　　　　年　月　日

甲　○○株式会社　　　㊞

乙　　△△　　　　　　㊞

　　A　ご質問の契約書は、電力会社と太陽光発電設備設置者（サラリーマン）との営業者間について、電力の売買に関する2以上の継続する取引に共通して適用される目的物の種類（第1条）、単価（第3条）及び対価の支払方法（第4条）を定めるものですから、第7号文書（継続的取引の基本となる契約書）に該当し、印紙税額は4,000円となります。

なお、太陽光発電設備設置者は、サラリーマンですが、発生電力を全て電力会社に売却することから、営利目的と認められ、営業者に該当します。

（参考）

1　印紙税法における営業とは、利益を得る目的で、同種の行為を継続的、反復的になすことをいいます。

　　また、契約書作成時点において未だ営業行為を行っていない者（例えばサラリーマン等）であったとしても、これから営利を目的として同種の行為を継続的、反復的に行うための準備行為として契約書を作成することは、その準備行為も営業行為と認められることから当該行為を行うものは営業者に該当します。

2　電力受給契約書を締結するサラリーマン等が営業者であるか否かについての判断基準は、おおむね次のとおりになります。

〈全量売電の場合〉

　自己の設備において発電した電力の全量を売却する行為は、売電により利益を得る目的で、継続的、反復的に行うもの（営利目的）であると認められることから、営業に該当し、当該行為を行う法人又は個人は印紙税法上の「営業者」となります。

　なお、売電に係る契約書作成時点において、未だ営業行為を行っていない者（サラリーマン等）であっても、営業者に該当します。

〈余剰売電の場合〉

　自己の設備において発電した電力のうち、自己が消費した後の余剰分を売却する行為については、法人及び当該設備を事業の用に供している個人が、事業の中で生じた余剰電力を売却するものであることから、営業に該当し、当該行為を行う法人又は個人は印紙税法上の「営業者」となります。

　なお、サラリーマン等が生活の用に供するために設置した設備から生じた電力のうち、余剰分を売却する行為は、私的財産の譲渡に関するものであることから、営業に該当しません。

3-68　販売促進代行契約書

　当社（甲）は、婦人服の製造販売を行っています。
この度、商品の販売促進を図るため、販売会社（乙）との間で次の販売促進代行契約書を締結しました。
この契約書は、印紙税法上、どのように取り扱われますか。

販売促進代行契約書

　甲株式会社（以下「甲」という。）と乙株式会社（以下「乙」という。）とは、甲の販売する商品の販売促進業務の代行に関し、下記のとおり契約を締結する。

記

第1条　甲は丙に対する商品の販売業務を乙に代行させ、乙はこれを引き受ける。
第2条　前条に定める販売促進業務とは、次の業務をいう。
　　　1　商品の勧誘
　　　2　商品販売に関する折衝
　　　3　商品の受注及びその出荷手配
　　　4　その他商品の増販を図るための一切の業務
第3条　甲が自己の判断に基づき、商品の販売促進について乙に指示を与えた時は、乙はこれに従う。
第4条　甲は販売促進代行手数料として、乙の販売促進業務による毎月の商品販売数量に、別途定める販売促進代行料率を乗じた金額を、その月の翌々月末日に支払う。
第5条　本契約の有効期間は、　　年　月　日から1年間とする。

（以下省略）

売買に関する業務を継続的に委託することを内容とする契約書で、次に掲げる事項のいずれかを定めるものは、第7号文書（継続的取引の基本となる契約書）に該当します。

① 　委託される業務や事務の範囲

② 　対価（委託料等）の支払方法

　ここでいう売買に関する業務とは、売買に関する業務の全部又は一部を包括的に委託することをいい、例えば、販売施設を所有する者がそこでの販売業務を他者に委託するものや販売店の経営自体を委託するもの、さらには業務の一部である集金業務、仕入業務、在庫管理業務を委託するものなどがこれに当たります。

　したがって、ご質問の契約書は、商品の販売業務を継続して委託することに関して、委託業務の内容及び代行手数料の支払方法を定めるものですから、第7号文書に該当し、印紙税額は4,000円となります。

　なお、業務委託契約書については、このような売買に関する業務のほか、金融機関の業務や保険募集の業務又は株式の発行若しくは名義書換えの事務を継続的に委託することを内容とするものも第7号文書に該当します。

3-69 サイバーモール出店契約書

　当社（甲）は、サイバーモール運営会社（乙）のモール内に自社のショップを出店するに当たり、乙社との間で次のサイバーモール出店契約書を作成することとしています。
　この契約書は、印紙税法上、どのように取り扱われますか。

サイバーモール出店契約書

　甲株式会社（以下「甲」という。）と乙株式会社（以下「乙」という。）は、乙の運営するサイバーモール内において、次のとおり出店契約を締結する。

第1条　本契約は、甲が乙の運営するモールにショップを出店し、乙の会員に対して商品を提供する場合の甲と乙との間の契約関係を定めるものとする。

第2条　乙が甲に提供するモールの機能は、次のとおりとする。
　①　会員が容易に希望商品を見つけることができる商品検索機能を提供する。
　②　会員からの甲に対する商品の購入申込情報の転送を行う。
　③　モール内で商品を提供した会員をデータベースで管理を行う。
　④　ショップへのアクセス数、ショップの売上データ等の情報を提供する。

（中　略）

第7条　甲は、乙のモールにショップを出店するに当たり、初期費用500,000円を出店時に、管理料100,000円を毎月10日までに乙の口座に振り込む。振込費用は、甲の負担とする。

第8条　本契約は、　　年　月　日から3年間とし、期間満了の1か月前までに甲乙いずれかが異議を申し出ないときは、本契約は更に1年間延長されるものとし、以後も同様とする。

　　年　月　日

　　　　　　　　　　　　　　　　　　　　　　　　甲　株式会社　㊞
　　　　　　　　　　　　　　　　　　　　　　　　乙　株式会社　㊞

A インターネットを利用したオンラインショッピングを支援するためのサイバーモールは、リンク集的な窓口機能しか持たないものから、決済の代行などのサービスを提供しているものまで様々な形態のものがあります。

　ご質問の契約書では、サイバーモールの運営会社である乙社は、顧客からの商品の購入申込情報を転送する機能を出店者である貴社に対して提供しています。

　この購入申込情報の転送は、売買取引の受注業務を乙社が行うものですから、売買に関する業務に該当します。

　したがって、この契約書は、売買に関する業務の一部（購入申込受付業務）を委託するために作成する契約書で、第2条により委託される業務の範囲、また第7条により対価の支払方法を定めていますから、第7号文書に該当します。

第3章 印紙税の課否判定事例

3-70 免税販売手続業務委託契約書

> 当社（甲）は、乙が経営する△△ショッピングセンター内にテナントとして出店しています。
> この度、当社が外国人旅行者等に販売した物品に係る消費税の免税販売手続業務を、乙社に委託するに当たり、次の免税販売手続業務委託契約書を作成します。
> この契約書は、印紙税法上、どのように取り扱われますか。

免税販売手続業務委託契約書

甲株式会社（以下「甲」という。）と乙株式会社（以下「乙」という。）は、△△ショッピングセンター内で甲が運営する店舗における甲の免税販売手続業務を、乙に委託することに関して、以下のとおり業務委託契約を締結する。

第1条　甲が乙に対し委託する業務（以下「本業務」という。）は、手続委託型輸出物品販売場制度に基づいて、甲が行う非居住者への物品の譲渡に付帯する免税販売手続業務とする。

第2条　業務の委託期間は　　年　月　日から　　年　月　日とする。
　　　　ただし、期間満了の3か月前までに甲、乙いずれからも意思表示がない場合は、同一条件で更新されたものとし、その後も同様とする。

第3条　本業務において、甲が乙に支払う委託料は無償とする。

（中略）

　年　月　日

　　　　　　　　　　　　　　　　　　　　甲　株式会社　㊞
　　　　　　　　　　　　　　　　　　　　乙　株式会社　㊞

平成27年度税制改正により、商店街、ショッピングセンター等の特定商業施設において、外国人旅行者等の非居住者に販売した物品に係る消費税の免税手続を、特定商業施設内に免税手続カウンターを設置する他の事業者に代理させることができる「手続委託型輸出物品販売場制度」が創設されました。

　ご質問の契約書は、貴社が外国人旅行者等に販売した物品の譲渡に付帯する免税販売手続業務を、この制度に基づき乙社に委託するものですが、ここでいう「免税販売手続」とは、非居住者に対する輸出免税物品販売業務に係る事務の一部であり、印紙税法で定める「売買に関する業務」であると認められます。

　また、「免税販売手続業務」を委託することを定めることは、第7号文書（継続的取引の基本となる契約書）の重要な事項である「委託する業務の範囲を定めるもの」に該当します。

　したがって、この契約書は第7号文書に該当し、印紙税額は4,000円となります。

3-71 覚書（請負契約の契約内容を変更するもの）

Q 当社（甲）は、ビルを所有しており、エレベータの保守会社である乙との間で既に締結したエレベータの保守契約に関して、その契約内容を変更する覚書を作成します。
この覚書は、印紙税法上、どのように取り扱われますか。

覚　書

○○ビル株式会社（以下「甲」という。）と△△サービス株式会社（以下「乙」という。）は、×××1年12月24日に締結した「エレベータ保守契約書」（以下「原契約書」という。）に関し、下記条項により本覚書を締結する。

記

第1条　原契約書第1条に定めた契約対象となるエレベータに、次のものを追加する。
　　　　所在場所　　□□市□□区□□町□-□
　　　　種類及び台数　△△△△　3台
第2条　原契約書第2条に定めた保守料金を、月額120,000円に変更する。
第3条　本覚書は、×××3年3月1日より効力を発するものとする。
　本契約締結の証しとして、本書2通を作成し、甲乙各々署名捺印の上各1通保有する。

　　　　　　　　　　　　　×××3年2月27日
　　　　　　　　　　　　　甲　○○ビル株式会社　　　　㊞
　　　　　　　　　　　　　乙　△△サービス株式会社　　㊞

（原契約書）

エレベータ保守契約書

○○ビル株式会社（以下「甲」という。）と△△サービス株式会社（以下「乙」という。）は、エレベータの保守に関し、下記条項により本契約を締結する。

記

第1条　契約の対象となるエレベータ

　　　　所 在 場 所　　○○市○○区○○町○-○

　　　　種類及び台数　　○○○○　2台

第2条　甲は乙の本エレベータ保守に対する料金として、月額70,000円を毎月末日
　　　　までにその月分を乙の口座に振り込む。

第3条　本エレベータの保守は、×××2年1月1日から×××2年12月31日までとする。
　　　　なお、期間満了時において相互異議のないときは引続き1年の延長をするこ
　　　　とができ、以後もこれによる。

（中　　略）

　　　　　　　　　　　　　　　×××1年12月24日

　　　　　　　　　　　　　　　甲　○○ビル株式会社　　　　　　　㊞

　　　　　　　　　　　　　　　乙　△△サービス株式会社　　　　　㊞

A　　印紙税法上の契約書には、原契約の同一性を失わせないでその内容
　　を変更する文書も含まれ、このうち、基通別表第二に掲げる重要な事
項を変更するものだけが課税の対象となり、変更する事項がどの号に該当する
ものであるかにより所属を決定することになります。

　ご質問の覚書は、原契約書で定めたエレベータの保守という請負契約の内容
に関して、その「請負（仕事）の内容」及び保守料金の「単価」を変更するも
のであり、この請負の内容や単価は、第2号文書（請負に関する契約書）に係
る重要な事項に該当します。

　また、営業者間において継続する2以上の請負取引について共通して適用さ
れる「目的物の種類（仕事の内容）」及び保守料金の「単価」を変更するもの
でもあり、この目的物の種類や単価は、第7号文書に係る重要な事項にも該当
します。

　したがって、この覚書は、第2号文書と第7号文書のいずれにも該当します
が、契約金額を計算することができませんから、通則3イのただし書の規定に
より、第7号文書に所属が決定され、印紙税額は4,000円となります。

第3章 印紙税の課否判定事例

3-72 覚書（委託料の支払方法を変更しているもの）

当社（甲）は、廃棄物の収集運搬業者である乙社との間で既に締結した一般廃棄物の収集及び運搬委託に関する契約に関して、その委託料を乙の仲介業者（丙）を通じて支払うことを定める次の覚書を作成します。
この覚書は、印紙税法上、どのように取り扱われますか。

覚　書

排出事業者　　甲　株式会社（以下「甲」という。）　と、
収集運搬業者　乙　株式会社（以下「乙」という。）　と、
仲介業者　　　丙　株式会社（以下「丙」という。）　は、
×××1年3月20日に締結した一般廃棄物の収集及び運搬委託に関する契約書（以下「原契約書」という。）の委託料の支払いについて、丙を仲介業者とし、次のとおり覚書を締結する。

第1条（支払方法）
① 委託手数料の請求は、丙が一括して甲に請求するものとする。
② 原契約書に定める委託料は、甲が丙に一括して支払い、丙は乙に支払う。

第2条（有効期間）
本覚書の有効期間は、×××2年4月1日から×××3年3月31日までとする。
ただし、期間満了の1か月前までに、甲乙いずれからも異議の申し出がない場合は、同一条件で更新されたものとし、その後も同様とする。

（中略）

×××2年3月25日

　　　　　　　　　　　　　　　　甲　株式会社　㊞
　　　　　　　　　　　　　　　　乙　株式会社　㊞
　　　　　　　　　　　　　　　　丙　株式会社　㊞

┌─(原契約書)─

一般廃棄物の収集及び運搬委託に関する契約書

　甲株式会社（以下「甲」という。）と乙株式会社（以下「乙」という。）は、一般廃棄物の収集及び運搬について以下のとおり契約を締結する。

第1条

　甲は、次の建物等により排出される一般廃棄物の収集及び運搬を乙に委託し、乙はこれを受託する。

　①　建物等の所在地　　　市　　　町　　番　　号
　②　建物店舗等の名称　甲ビル

第2条

　本契約の有効期間は、×××1年4月1日から×××2年3月31日までとする。

　ただし、期間満了の1か月前までに、甲乙いずれからも異議の申し出がない場合は、同一条件で更新されたものとし、その後も同様とする。

第3条

　一般廃棄物の収集曜日・運搬先・委託料は下記のとおりとする。

	可燃ごみ	不燃ごみ	粗大ごみ	資源ごみ
収集曜日	月～土　6回／週	第1・3金曜日	第2・4水曜日	月～土　6回／週
運搬先				
委託料	月額　　　　　円			

第4条

　甲は第3条に定める委託料を、毎月末日までにその月分を乙の口座に振り込む。

（中略）

×××1年3月20日

　　　　　　　　　　　　　　　　　　甲　株式会社　㊞
　　　　　　　　　　　　　　　　　　乙　株式会社　㊞

　　Ａ　印紙税法上の契約書には、原契約の同一性を失わせないでその内容を変更するものも含まれ、このうち、基通別表第二に掲げる重要な事項を変更するものだけが課税の対象となり、変更する事項がどの号に該当するものであるかにより所属を決定することとなります。

　ご質問の覚書は、原契約で定めた一般廃棄物の収集及び運搬を委託するという運送契約の内容に関して、その委託料の「支払方法」を変更するものであり、

この支払方法は、第1号の4文書（運送に関する契約書）に係る重要な事項に該当します。

　また、第7号文書（継続的取引の基本となる契約書）の重要な事項である「対価の支払方法」を変更しているものとして第7号文書にも該当します。

　したがって、この覚書は、第1号の4文書と第7号文書のいずれにも該当しますが、契約金額の記載がないことから、通則3イのただし書の規定により、第7号文書に所属が決定され、印紙税額は4,000円となります。

定期預金証書

 　当行では、定期預金の預入れを行った預金者に次の定期預金証書を交付しています。
　預金者が定期預金の解約又は書替継続するときは、この定期預金証書の裏面の元利金の受取欄に預金者に署名・押印して提出してもらいます。
　この定期預金証書は、印紙税法上、どのように取り扱われますか。

定 期 預 金 証 書

_____様　　　お預り金額

　　　税区分

預金番号	預 入 日	満 期 日	期　　間	利　率	発 行 日
	年 月 日	年 月 日	年　ヵ月	年　　%	年 月 日

　　　　上記の金額をこの証書裏面記載の規定によりお預りいたしました。

株 式 会 社　　　　　　　　　　　　　　　　　銀行
　　　取締役頭取　　　　　　　　　　　　　㊞

第3章 印紙税の課否判定事例

A　印紙税法は、預金証書及び貯金証書を第8号文書として課税の対象としています。この「預金証書」及び「貯金証書」とは、銀行その他の金融機関等で法令の規定により預金又は貯金業務を行うことができる者が、預金者又は貯金者との間の消費寄託契約の成立を証明するために作成する免責証券たる預金証書又は貯金証書をいいます。

ところで、ご質問の証書は、貴行が預金者との間で定期預金契約の成立を証明した免責証券ですから、第8号文書（預金証書）に該当し、印紙税額は200円となります。

また、ご質問の証書の裏面には、元利金の受領事実を預金者が記載する欄がありますが、この欄への預金者の署名、押印は、法第4条第3項の規定により第17号文書（金銭の受取書）を新たに作成したものとみなされますが、これは非課税とされています（巻末の表1の第17号文書「主な非課税文書」欄3）。

3-74 定期積金証書

 この文書は、定期積金についての証書です。
定期積金証書は、第8号文書に該当しないとのことですが、その取扱いを教えてください。

　　　　　　　　　　　定　期　積　金　証　書

_____様　　　給付契約金額

種類

口座番号	預入日	満期日	期間	払込回数	利回り	発行日
	年　月　日	年　月　日	年	回	年　　%	年　月　日

毎月払込日	初回掛金	2回以降掛金	給付補填金	掛金総額
日				

2回目以降の払込みが払込日から遅延したときは、満期日を遅延期間に相当する期間繰延べます。
（変更満期日は最終払込み完了後お尋ねください。）

裏面記載の規定により、この証書記載のとおり定期積金契約をしました。約定どおり掛金総額をお払込みの上は、満期日に上記の金額をお支払いいたします。

　　　　　　　株　式　会　社　　　　　銀行

取扱店_____

　　　　　　取締役頭取　　　　　　㊞

　定期積金契約は、一定期間毎月一定の掛金を積み立て、満期日に利息を計算することなく一定の金額を支払うもので、預貯金とは性格を異にするものですから、この文書は第8号文書（預貯金証書）には該当しません。

　また、金融機関が顧客のために金銭を保管することを約したものではありませんから、第14号文書（金銭の寄託に関する契約書）にも該当せず、他に課税事項の記載もないことから、いずれの課税文書にも該当しません。

3-75 出荷指図書

> Q　当社は、自社の商品を寄託している倉庫業者に対し、当該寄託商品の出荷を指図するため、次の出荷指図書を倉庫業者に交付しています。
> 　この出荷指図書は、印紙税法上、どのように取り扱われますか。

```
                    出荷指図書

△△倉庫株式会社御中                           年　月　日
                                        ○○株式会社  ㊞

次のものをご出荷ください。
出荷が完了した際は、弊社物流課までご連絡ください。
```

| 商品No. | | 倉庫No. | | 荷姿 | | 扱者 | |

品　名	数　量		記　事
	個　数	重　量	

A　ご質問の指図書は、単なる出荷依頼ないし指図のためのものですから、第9号文書(倉荷証券)に該当せず、他に課税事項の記載もないことから、いずれの課税文書にも該当しません。

3-76 契約内容通知書

> **Q** 当社は、保険契約者と生命保険契約を締結するに当たり、次の契約内容通知書を作成しました。
> この通知書は、印紙税税法上、どのように取り扱われますか。

契約内容通知書

作成日：　　年　月　日

　当社は、定款並びに該当の普通保険約款及び各特約に基づいて保険契約者とこの保険契約を締結したことを通知します。

○○株式会社
代表取締役　　　　㊞

保険契約の基本情報

契　約　番　号		商　品　名　称	○○終身保険
契　　約　　日	年　月　日	配当金支払方法	
保　険　契　約　者	様	受　　取　　人	
生　年　月　日	年　月　日		
被　保　険　者	様		
生　年　月　日	年　月　日		
性　　　　別			
契　約　年　齢			

保険料に関する情報

保　険　料	円	保険料払込方法	一時払
払　込　期　日			

第3章 印紙税の課否判定事例

保険契約の内容

保　険　契　約	保険金・給付金額等	保　険　期　間	保険料払込期間	保　　険　　料
○○終身保険	円	終身	一時払	円

保険契約の支払事由等

保　険　契　約	支　払　事　由	保険金・給付金額等
○○終身保険	死亡されたとき	円

　　「保険証券」とは、保険会社等（保険者）が、保険契約の成立を証明するため、保険法第6条第1項、第40条第1項又は第69条第1項その他の法令の規定により、保険を掛けた者（保険契約者）に交付する書面（保険契約者からの再交付の請求により交付するものを含み、保険業法第3条第5項第3号に掲げる保険に係る保険契約その他一定の保険契約に係るものを除きます。）をいいます。

　ご質問の通知書は、保険契約の成立を証明するために、保険契約者に交付する書面ですから、第10号文書に規定する保険証券に該当し、印紙税額は200円となります。

3-77 商業信用状条件変更通知書

 当銀行は、既に発行した商業信用状について、その金額、有効期限等を変更する際に、次の商業信用状条件変更通知書を発行しています。
この通知書は、印紙税法上、どのように取り扱われますか。

商業信用状条件変更通知書

宛名_____

　年　月　日付番号　　の商業信用状について、次のとおり_____について変更しました。

・_____（　　　　　）に変更

○○銀行
（署名）_____

　　印紙税法は、信用状を第11号文書として課税の対象としています。この「信用状」とは、銀行が他の取引銀行に対して、特定の者に一定の金銭の支払をすることを委託する支払委託証書をいい、商業信用状に限らず、旅行信用状を含みます。

　ところで、ご質問の通知書は、既に発行されている商業信用状について、その金額、有効期限、数量、単価、船積期限、船積地又は仕向地等を変更した場合に銀行が発行するものですが、これは、信用状そのものではなく、事務処理結果を通知する文書ですから、課税文書には該当しません（基通第11号文書2）。

第3章 印紙税の課否判定事例

3-78 財産形成信託取引証

当信託銀行が扱っている財産形成信託には、金銭信託型と貸付信託型とがあり、いずれの場合にも、委託者に次の財産形成信託取引証を交付しています。
この取引証は、印紙税法上、どのように取り扱われますか。

財産形成信託取引証

勤務先番号＿＿＿＿＿＿＿

加入者名＿＿＿＿＿＿様

積立期間＿＿＿＿＿～＿＿＿＿＿

取引先口座番号＿＿＿＿＿＿＿

　この証は、あなた様の財産形成信託に係る普通預金通帳、指定金銭信託証書及び貸付信託受益証券の保護預り、並びにお取引の証として発行いたします。
　今後は、先に提出していただきました財産形成信託申込書及び裏面の規定によってお取り扱いいたします。

　年　月　日　　○○信託銀行株式会社
　　　　　　　　取締役社長　　　　　㊞

（裏面規定：掲載省略）

A　ご質問の取引証は、財産形成信託の受託を証するため、受託者である貴行（信託銀行）が委託者に交付するものであり、金銭信託証書のように個々の信託行為の成立を証するものではありませんが、今後継続的に発生する信託行為につき、包括的又は基本的にその成立を証するためのものです。

　また、この取引証は、信託を目的とする金銭の寄託契約（貸付信託型のものにあっては、信託による権利を表彰する貸付信託受益証券の寄託契約）の成立を証するものです。

　したがって、この文書は、第12号文書（信託行為に関する契約書）及び第14号文書（金銭又は有価証券の寄託に関する契約書）に該当することとなり、通則３ハの規定により、第12号文書に所属が決定され、印紙税額は200円となります。

3-79 借用証書に併記した債務保証契約

この度、子会社が銀行から借入れを行うに当たり、当社が連帯保証人となることとなりました。
この借用証書は、印紙税法上、どのように取り扱われますか。

借　用　証　書

　債務者＿＿＿＿は、連帯保証人＿＿＿＿の連帯保証のもとに、債権者○○銀行より、下記要領に基づき金員を借用した。

記

1　金　　額
2　弁済期限　　　　年　　　月　　　日
3　弁済方法
4　利　　率　　　金100円につき日歩　金　　銭　　厘
5　利息支払方法
6　保証人の保証　　保証人は、債務者と連帯して本件債務履行の責めに任ずる。
7　特　　約　　　債務の履行を怠ったとき又は債務の期限の利益を失ったときは、弁済すべき金額に対し、金100円につき日歩＿＿＿＿銭の割合をもって損害賠償金を支払う。

（中　略）

　この契約を証するため、証書１通を作成し、債権者にこれを差し入れる。
　　　年　　月　　日
　　　　　　　　　　　　　　　　債　務　者＿＿＿＿＿＿＿＿＿＿　㊞
　　　　　　　　　　　　　　　　連帯保証人＿＿＿＿＿＿＿＿＿＿　㊞

債務の保証とは、債務者（主たる債務者）が債務を履行しない場合
　Ａ　に、これに代わって履行するために債務者以外の者（保証人）が債権
者に対し従たる債務（保証債務）を負担することをいいます。

　印紙税法は、債務の保証に関する契約書を第13号文書として課税の対象とし
ていますが、この種の契約は単独で契約書が作成される場合のほか、ご質問の
ように主たる債務の契約書（借用証書等）に併せて記載される場合があります。

　印紙税法では、原則として、一の文書に２以上の課税事項が記載されている
ものは、それぞれの号に該当する文書と判定した上でどちらの号に所属するか
を決定しますが、主たる債務の契約書に併記された保証契約は、例外的に課税
事項として取り扱わないこととされています。

　つまり、ご質問のように消費貸借契約書に債務者とともに保証人が署名押印
するものは、主たる債務（消費貸借の原本、利息の返還債務）の契約書に併記さ
れた保証契約となり、当初から債務の保証に関する契約書には該当しないこと
とされます。

　また、この場合の主たる債務とは、印紙税の課税対象となる消費貸借契約の
債務に限られず、交通事故の金銭賠償債務のように印紙税の課税対象とならな
いものも含むこととされていますので、このような契約書に債務保証の契約事
項を併記したものも債務保証に関する契約書には該当しません。

　したがって、ご質問の借用証書は、第１号の３文書（消費貸借に関する契約
書）のみに該当し、記載金額に応じて印紙税が課税されます。

3-80 連帯保証に関する情報提供確認書

Q 次の確認書は、借主が情報提供義務により保証予定者に情報を提供したことを借主と保証予定者が確認するとともに、保証予定者が保証しようとしている債務の具体的内容を認識した上で連帯保証の意思を有しているかを確認するために作成しています。
この確認書は、印紙税法上、どのように取り扱われますか。

連帯保証に関する情報提供確認書

　借主及び連帯保証人は、●●銀行から金銭を借り受けるにあたり、次の事項について、確約します。
第1条　借主は、連帯保証人に対し、以下の事項に関して●●銀行に対して提供した情報と同じ情報を提供しました。
　　1　借主の財産及び収支の状況
(略)
第2条　連帯保証人は、借主から、以下の事項に関する情報の提供を受けました。
　　1　借主の財産及び収支の状況
(略)
第3条　連帯保証人は、借主が●●銀行から借り入れ負担する債務元本等（以下「本件債務」という。）につき、借主に対し、借主と連帯して保証し、連帯保証人として借主の負う本件債務と同一内容、同一態様の保証債務を負担する意思を有していることを表明します。
第4条　連帯保証人は、本件債務について、弁済期が到来した場合、又は期限の利益の喪失事由が生じた場合は、借主の本件債務と同額の保証債務を借主と連帯して履行する意思を有していることを表明します。

　　年　月　日

借　主　　　㊞
連帯保証人　　㊞

民法改正（令和2年4月1日施行）により、第三者保証に関する規
Ａ　　定が新設され、事業主以外の個人が保証人になろうとする場合には、
公的機関としての公証人が、保証人になろうとする者の保証意思を事前に確認
したうえで保証人予定者が保証債務を履行する意思を公正証書で示さなければ、
保証契約が無効になるとされました。

　また、印紙税法別表第一において債務の保証に関する契約書は、第13号文書
（債務の保証に関する契約書）に該当すると規定されており、具体的に債務の
保証とは、主たる債務者がその債務の履行をしない場合に保証人がこれを履行
することを債権者に約することをいい、連帯保証を含むとされています。

　ご質問の確認書は、借主が情報提供義務により保証予定者に情報を提供した
ことを借主と保証人予定者が確認するとともに、保証人予定者が保証しようと
している債務の具体的内容を認識した上で連帯保証の意思を有しているかを確
認するために作成するものです。

　これは、主たる債務者がその債務を履行しない場合に、連帯保証人がこれを
履行する意思を有していることを表明し、これを債権者に対して確約しており、
連帯保証であると認められることから、第13号文書（債務の保証に関する契約
書）に該当し、印紙税額は200円となります。

3-81 連帯保証に関する同意書

Q　次の同意書は、貸主が他の連帯保証人の一人に対して行った履行の請求の効力が、借主及び連帯保証人に対して生じることの同意の意思を確認するために作成しています。
　この同意書は、印紙税法上、どのように取り扱われますか。

同意書

　借主及び連帯保証人は、　　年　月　日付借用証書に基づき、●●銀行から金銭を借り受けるにあたり、次の特約条項を付すことに同意します。

（中略）

　借主および連帯保証人は、●●銀行が他の連帯保証人の一人に対して行った履行の請求の効力が、借主及び連帯保証人に対して生ずることについて、同意します。

　　年　月　日

借　主　　　㊞
連帯保証人　　㊞

A　民法改正（令和2年4月1日施行）により、連帯保証の絶対的効力事由に関する規定が見直され、連帯保証人の一人に生じた事由は、債権者及び他の連帯保証人の一人が別段の意思を表示した場合に限り、当該他の連帯保証人に対して効力が生じることとされました。
　ご質問の同意書は、債権者が他の連帯保証人の一人に対して履行の請求を行った場合には、連帯保証人がこれを履行することを債権者に約しているものと認められることから、第13号文書（債務の保証に関する契約書）に該当します。

3-82 配当金領収証

> Q 当社（甲）は、配当金を支払うに当たり、株主に次の配当金領収証を交付します。この配当金領収証は、印紙税法上、どのように取り扱われますか。

配当金領収証

第　期 〔 自　　年　月　日 〕
〔 至　　年　月　日 〕

株主番号	配当率	1株当たり配当金	株数	税引配当金額	徴収税率
	年　％	円　銭	株	円	％

甲　株式会社　御中

　上記の配当金正に領収いたしました。

　　　　　　　　　年　月　日

株　　主

銀行取扱期間

　　　年　月　日から
　　　年　月　日まで

お届出印

取扱銀行欄

お支払方法

　1. 銀行払
　　　取扱銀行
　　　　　　銀行　　　　銀行　　　　銀行
　　　　　　銀行　　　　銀行　　　　銀行
　　　　上記の銀行の本店及び全国支店

282

第3章 印紙税の課否判定事例

2．郵便貯金、郵便振替への預入

（中略）

名義書換代理人事務取扱場所

市　　区　　丁目　　番　　号

銀行株式会社　証券代行部

　　　印紙税法は、「配当金領収証」を第16号文書として課税の対象とし
A ています。

この「配当金領収証」とは、配当金領収書その他名称のいかんを問わず、配
当金の支払を受ける権利を表彰する証書又は配当金の受領の事実を証するため
の証書をいいます。

ところで、ご質問の配当金領収証は、株主がこれと引換えに当該領収証に記
載された取扱銀行等のうち株主の選択する銀行等で配当金の支払を受けること
ができるものであり、株主の具体化した利益配当請求権を証明した証書ですか
ら、第16号文書（配当金領収証）に該当します。

なお、株主が会社から直接配当金の支払を受けた際に作成する受取書は、配
当金領収証ではなく、第17号の2文書（売上代金以外の金銭の受取書）に該当
します。

3-83　配当金計算書

Q 当社（甲）は、株主に次の配当金計算書を交付します。この計算書は、印紙税法上、どのように取り扱われますか。

A 　印紙税法は、「配当金振込通知書」を第16号文書として課税の対象としています。

　この「配当金振込通知書」とは、配当金振込票その他名称のいかんを問わず、配当金が銀行その他の金融機関にある株主の預貯金口座その他の勘定に振込済みである旨を株主に通知する文書をいいます。

　ご質問の配当金計算書は、単に株主に対し、配当金額を連絡するための通知文書ですから、第16号文書（配当金振込通知書）に該当せず、他に課税事項の記載もないことから、いずれの課税文書にも該当しません。

3-84 勤務先預金の受入票

Q 当社では、社内預金の事務をコンピュータ化することになり、社内預金を受け入れるに当たって、2枚複写になっている受入票に従業員が所要事項を記載して担当課に提出し、1枚は担当課で保管しますが、他の1枚は、担当者が出納印を押なつして従業員に交付することとしています。

また、社内預金を従業員が払い戻す際に、払戻票も作成することとしています。

この従業員に交付する受入票及び払戻票は、印紙税法上、どのように取り扱われますか。

〈出納印〉

〈様式〉

```
         受 入 票（従業員用）
            □□□□年□□月□□日
 社 員 No □□□□
     コード No              金額 □□□□□
 所属部課 □□□

 氏名 [              ]                    ㊞
```

```
        払　戻　票（従業員用）
        □□□年□月□日

  社　員　No□□□

        コ ー ド　No                金額□□□□□□

所属部課□□□

┌─────────────────────────┐
│ 氏名                      │      ㊞
└─────────────────────────┘
```

　　　ご質問の受入票は、貴社が従業員に交付するものですから、会社内
　　　部のものであり、単なる整理伝票ではないかとも考えられますが、社
内預金における貴社と従業員との関係は、それぞれ独立した人格関係にあり、
会社内部の関係ということにはなりません。

　ところで、ご質問の受入票は、貴社が従業員から社内預金を受け入れる際に
作成されるもので、その受領事実を証明するため、出納印を押印して従業員に
交付するものですから、第17号の2文書（売上代金以外の金銭の受取書）に該当
します。

　また、この受入票は、社内預金を受け入れる際に作成されるもので、社員番
号、社員コード番号が記載されていることからみて、預金として受け入れたこ
とが明らかにされていますので、金銭の寄託契約の成立を証明するものとして、
第14号文書（金銭の寄託に関する契約書）にも該当します。

　このように、第14号文書と第17号の2文書に該当する場合には、通則3ハの
規定により、第14号文書に所属が決定され、印紙税額は200円となり、貴社が
納税義務者となります。

　一方、払戻票は、預金の払戻しについての文書ですから、金銭の受取書には
該当せず、また、金銭の寄託の一部解除（いわゆる寄託契約の消滅）を証明する
ものですので、いずれの課税文書にも該当せず、印紙税は課税されません。

3-85 売掛債権譲渡契約書

 当社(甲)は、丙に対する債権を乙に譲渡するに当たり、売掛債権譲渡契約書を作成します。
この契約書は、印紙税法上、どのように取り扱われますか。

売掛債権譲渡契約書

甲株式会社(以下「甲」という。)が乙株式会社(以下「乙」という。)に対して有する本日現在の債務、金3,000,000円の弁済について、甲、乙間で次のとおり契約する。

第1条 甲は、甲が丙株式会社(以下「丙」という。)に対して×××1年3月7日販売した商品の代金3,000,000円、ただしその弁済期限×××1年4月30日とするものの債権を乙に譲渡する。
第2条 甲は、遅滞なく前条に掲げた債権に関する証書を乙に引渡し、同時に、確定日付のある証書をもって、丙に対し、前条による債権譲渡の通知を行い、もしくは、丙の承諾を得る。
第3条 丙が前条による通知の到着前に甲に対して生じた事由をもって乙に対抗したときは、乙は催告しないでただちに本契約を解除できる。

(中 略)

以上契約の証として本書2通を作成し、甲乙それぞれに1通を保有する。
　×××1年3月25日

　　　　　　　　　　　　　　　　　　　甲　株式会社　㊞
　　　　　　　　　　　　　　　　　　　乙　株式会社　㊞

　　　　印紙税法上の債権譲渡とは、債権をその同一性を失わせないで旧債
　　　　権者から新債権者へ移転させることをいいます。

　また、債権とは、特定の者（債権者）が他の特定の者（債務者）に対して特定の行為（給付）をなすべきことを請求する権利をいい、他人をして将来財貨又は労務を給付させることを目的とする権利で、指名債権と証券的債権とに区分されます。

　証券的債権の譲渡契約書のうち、有価証券を譲渡するものは、第15号文書（債権譲渡に関する契約書）には該当せず、課税されません。

　ところで、ご質問の契約書は、貴社が丙社に対して販売した商品の代金の債権をその弁済期限も含め、そのまま乙社に譲渡するものであり、旧債権者の債務者に対する売掛債権を、その同一性を失わせないで新債権者へ移転させるものですので、債権譲渡契約の成立を証明する文書に該当します。

　したがって、この契約書は、第15号文書に該当し、印紙税額は200円となります。

第3章 印紙税の課否判定事例

3-86 債権譲渡承諾書

Q 当社（甲）は、乙に対して有する売掛債権1,000万円をA社に譲渡するに当たり、次の債権譲渡承諾書により債務者である乙の承諾を得ています。
　この承諾書は、印紙税法上、どのように取り扱われますか。

　　　　　　　　　　　　　債権譲渡承諾書

　　　　　　　　　　　市　　　区
債務者
　　　　　　　　乙株式会社
　　　　　　　　　　　　　　　　　　　　　　　　　　確定日付

譲渡債権額　　金1,000万円也
譲渡人　　　　　市　　　区
　　　　　　　　　　甲　株式会社
譲受人　　　　　市　　　区
　　　　　　　　　　A　株式会社
譲渡日付　　　　年　　月　　日
　上記の債権譲渡につきましては異議なく承諾いたします。
　　　　　　　　年　　月　　日
　　　甲　株式会社　殿
　　　　　　　　　　　　住所　　市　　　区
　　　　　　　　　　債務者　　　乙株式会社
　　　　　　　　　　　　　　　　代表取締役　　　　　㊞

印紙税法は、債権譲渡に関する契約書を第15号文書として課税の対象としています。

　この場合の「債権譲渡」とは、債権を同一性を失わせないで旧債権者から新債権者に移転させることをいいます。

　債権譲渡契約は、旧債権者と新債権者との間の契約によって成立するものであり、債務者の承諾はその対抗要件にすぎず、契約の当事者とはなりません。

　ご質問の承諾書は、貴社が乙社に有する債権をＡ社に譲渡することにつき、乙社が承諾することを定めるものであり、貴社とＡ社における債権譲渡を定めるものではありませんので、第15号文書（債権譲渡に関する契約書）に該当せず、他に課税事項の記載もないことから、いずれの課税文書にも該当しません。

3-87 債務引受契約証書

 当社は、取引先の債務を引き受けるに当たり、次の債務引受契約証書を作成します。
この契約証書は、印紙税法上、どのように取り扱われますか。

債務引受契約証書

年　月　日

住　所
　　債　権　者　　株式会社　　　銀行　　　支店
　　支　店　長　　　　　　　　　　　　　　　㊞
住　所
　　債務引受人　　　　　　　　　　　　　　　㊞
住　所
　　債　務　者　　　　　　　　　　　　　　　㊞
住　所
　　抵当権設定者　　　　　　　　　　　　　　㊞
住　所
　　保　証　人　　　　　　　　　　　　　　　㊞

第1条　債務引受人　　　は、債務者　　　が　　年　月　日付金銭消費貸借契約（以下「原契約」という。）に基づき債権者株式会社　　　銀行に対して負担する債務の全部を債務者に代わって引き受けます。
　　ただし、現在元金は金　　　円です。
第2条　債務者　　は前条記載引受人において債務を負担することにより、今後上記債務関係から脱退します。
第3条　債務引受人は本契約により負担した債務につき今後第1条記載の原契約の各約款にしたがって履行することを約します。
（中　略）
第7条　保証人は本債務引受契約を承諾し、今後第1条記載の原契約の定めるところに従い新債務者と連帯して保証の責に任じます。
物件の表示

A　印紙税法は、債務引受けに関する契約書を第15号文書として課税の対象としています。

　ご質問の契約証書は、債務者（取引先）が負担する債務の履行を第三者（貴社）が引き受けることについて、債権者と引受人及び債務者との間で取り決めたものですから、第15号文書（債務の引受けに関する契約書）に該当します。

　なお、ご質問の契約証書には、保証人が新債務者の債務を保証する旨の記載がありますが、主たる債務の契約書に併記された保証契約ですから、第13号文書（債務の保証に関する契約書）には該当しません。

3-88 営業に関しない受取書

 第17号文書（金銭又は有価証券の受取書）のうち、営業に関しないものは非課税文書となりますが、どのようなものが営業に関しない受取書になるのでしょうか。

印紙税法上、第17号文書（金銭又は有価証券の受取書）のうち、営業に関しない受取書は非課税文書となりますが、具体的には、商法上の商人に当たらないと解されている者が作成する次のような受取書のことをいいます。

内　　容	説　　明
個人が私的財産を譲渡したとき等に作成する受取書	営業とは、利益を得る目的で同種の行為を反復継続すること、つまり継続的な営業活動をいいますので、個人がたまたま私的財産を譲渡したとき等に作成する受取書は営業に関しないものとなります。
会社以外の法人で、利益金又は剰余金の配当又は分配のできない法人が作成する受取書	営利法人以外の法人で特別法により法人になることが認められた法人のうち、利益金又は剰余金の配当又は分配のできない、法人労働組合、商品取引所等の作成する受取書は営業に関しないものとなります。
会社以外の法人で、利益金又は剰余金の配当又は分配のできる法人がその出資者との間で作成する受取書	法令の規定、定款の定めにより利益金又は剰余金の配当又は分配のできる法人が、その出資者に対して行う事業に係る受取書は営業に関しないものとなります。

【作成例】 事業協同組合、信用協同組合、協業組合、農業協同組合、信用金庫、火災共済協同組合、労働金庫、相互会社などの法人が出資者との間で作成する受取書	
公益法人の作成する受取書	公益法人（公益財団法人、公益社団法人、宗教法人、学校法人等）は、たとえ収益事業を行う場合であっても、収益事業で得た利益を公益以外の目的で使用することが認められていませんので、商人としての性格を持たず、したがって、公益法人名義で作成する受取書はすべて営業に関しないものとなります。
非営利事業を目的とする人格のない社団が作成する受取書	公益及び会員相互間の親睦等の非営利事業を目的とする人格のない社団が作成する受取書は営業に関しないものとなります。 （注）その他の人格のない社団が収益事業に関して作成する受取書は、営業に関する受取書として課税対象となります。
農業従事者等が作成する受取書	一般に営業に当たらないと解されている店舗その他これらに類する設備を有しない農業、林業又は漁業に従事する者が、自己の生産物の販売に関して作成する受取書は営業に関しないものとなります。

医師等が作成する受取書 【作成例】 医師、歯科医師、歯科衛生士、保健師、はり師、きゅう師、柔道整復師などが業務上作成する受取書	一般に営業に当たらないと解されている自由職業者が、その業務に関連して作成する受取書は営業に関しないものとなります。
弁護士等が作成する受取書 【作成例】 弁護士、弁理士、公認会計士、計理士、司法書士、税理士、不動産鑑定士、土地家屋調査士、建築士、海事代理士などが業務上作成する受取書	一般に営業に当たらないと解されている自由職業者が、その業務に関連して作成する受取書は営業に関しないものとなります。
法人組織の病院等が作成する受取書 【作成例】 医療法（昭和23年法律第205号）第39条に規定する医療法人が作成する受取書	医療法第39条に基づく医療法人は公益を目的として設立され、利益金又は剰余金の分配をすることはできませんから、医療法に基づく医療法人が作成する受取書は、営業に関しないものとなります。 なお、医療法に基づかない営利法人組織又は営利法人が経営する病院等が作成する受取書は、営業に関するものとして取り扱われます。

3−89	預り証（有料老人ホームが入居一時金を受領した際に交付するもの）

Q 当社は、有料老人ホームの経営を行う法人です。

この預り証は、入居者を受け入れる際に受領する入居一時金の預り証として、入居者に交付するものですが、印紙税法上、どのように取り扱われますか。

年　月　日

預　り　証

様

円

（但し、入居一時金として）

上記金額正に受領しました。

株式会社○○　㊞

第3章 印紙税の課否判定事例

A 「売上代金に係る金銭又は有価証券の受取書」（第17号の1文書）とは、資産を譲渡し若しくは使用させること又は役務を提供することによる対価、つまり、ある給付に対する反対給付の価格として受け取る金銭又は有価証券の受取書とされています。

本件の入居一時金は、老人ホームが入居者から終身にわたって受領すべき家賃相当額の全部又は一部を前払金として一括で受領するものであると認められることから、たとえ、契約満了期間までの間の契約解除等により、一部返還されることがあり得るとしても、「売上代金」に当たることとなります。

したがって、ご質問の預り証は第17号1文書（売上代金係る金銭又は有価証券の受取書）に該当します。

なお、ご質問の入居一時金に係る「預り証」であっても、公益社団法人又は公益財団法人等が作成するものは営業に関しない受取書に該当しますので、非課税文書となります。

3-90 売上代金かどうかが明らかでない領収書

Q 当社では、取引先から貸付金の元本の返済を受けるに当たり、次の領収書を取引先に交付することとしています。この領収書は、印紙税法上、どのように取り扱われますか。

領　収　書

△△商事株式会社　殿

　　　金額　3,000,000円也

上記の金額正に受け取りました。

　　　　　　　　　　　　　　　年　月　日
　　　　　　　　　　　　　　　○○株式会社　㊞

第3章 印紙税の課否判定事例

　　A 印紙税法は、金銭又は有価証券の受取書を第17号文書として課税の対象としています。

　この金銭又は有価証券の受取書については、その受領原因が売上代金に係るものは、第17号の1文書（売上代金に係る金銭の受取書）として、その受取書に記載された受取金額により段階的に印紙税額が課せられる一方、受領原因が売上代金以外に係るものは、第17号の2文書（売上代金以外に係る金銭の受取書）として一律に200円の印紙税が課せられます（記載された受取金額が5万円未満のものは非課税）。

　この場合、売上代金以外の受取書であることが他の書類等により証明できる場合であっても、受取書に記載されている受取金額が、その受取書の記載事項により売上代金以外であることが明らかにされていなければ、売上代金の受取書となります。

　ご質問の領収書の場合、貸付金元本の返済金には対価性がなく、売上代金には該当しないものですが、文書上において受け取った金額が売上代金であるかどうかが明らかにされていないことから、第17号の1文書と取り扱われます。

　したがって、記載金額300万円の第17号の1文書（売上代金に係る金銭又は有価証券の受取書）に該当し、印紙税額は600円となります。

　ところで、売上代金とは、次に掲げる対価をいい、この対価は何らかの給付に対する反対給付の価格をいいます。

1　資産を譲渡することの対価

　(1)　商品の売上代金（売掛金の回収を含む。）

　(2)　資産の売却代金（未収金の回収を含む。）

　(3)　手形割引の代金（手形の割引は、手形という有価証券を他人に譲渡し、対価として金銭等を受領するので、有価証券の売買に該当します。）

　(4)　無体財産権の譲渡代金（特許権、実用新案権、商標権等の譲渡代金）

　(5)　債権の譲渡代金（売掛金等の譲渡代金）

2　資産を使用させることの対価

(1)　土地、建物等不動産の賃貸料

(2)　建設機械、自動車、事務機器等のリース料

(3)　貸付金の利息

(4)　貸倉庫料、貸金庫使用料

(5)　特許権等の無体財産権の使用料

3　資産に権利を設定することの対価

(1)　土地、建物等不動産の賃貸に当たっての権利金

(2)　建設機械、自動車、事務機器等のリースに当たっての権利金

4　役務を提供することの対価

(1)　請負契約の対価（工事請負代金、宿泊料、広告料、修繕費、出演料等）

(2)　運送契約の対価（運送料等）

(3)　委任契約の対価（委任報酬、情報の提供料等）

(4)　寄託契約の対価（保管料等）

(5)　その他（仲介料、技術援助料等）

なお、印紙税法上、受取金額の一部に売上代金を含む受取書も売上代金に係る金銭の受取書と取り扱われ、その場合の税率の適用の基となる受取金額（記載金額）は次のようになります。

①　受取金額を売上代金に係る金額とその他の金額とに区分することができるもの

売上代金に係る金額

②　受取金額を売上代金に係る金額とその他の金額とに区分することができないもの

その受取金額の全額

③　②の場合に、その他の金額の一部だけ明らかにされているもの

その明らかにされている部分を除いた金額

3−91　収納事務の委託を受けて作成した受取書

 当社では、A社から商品代金の収納事務の委託を受けて、当社名義で受取書を作成しています。
　この受取書は、当社が商品を販売したものではありませんから、第17号の2文書（売上代金以外の金銭の受取書）となるのでしょうか。

受　取　書

　△△商事株式会社　殿

　　金額　3,000,000円　也

上記の金額、A株式会社に対する商品購入代金として、正に受け取りました。

　　　　　　　　　年　　月　　日
　　　　　　　　（A株式会社収納事務受託会社）
　　　　　　　　　　○○株式会社　㊞

A　金銭又は有価証券の受取書については、その受領原因が売上代金に係るもの（第17号の1文書）は、その受取書に記載された受取金額により段階的に印紙税額が定められており、受領原因が売上代金以外に係るもの（第17号の2文書）は、一律200円と定められています（記載された受取金額が5万円未満のものは非課税）。

　ところで、受領委託を受けた者が委託者の売上代金に係る金銭又は有価証券を代理受領する場合などに作成する受取書については、売上代金に係る金銭又は有価証券の受取書に含まれるものとして取り扱われます。

1　受領委託を受けた者が作成する受取書

　売上代金の受領について委託を受けた者が、委託者に代わって売上代金を受領する場合に作成する受取書は、売上代金の受取書に該当します。

2　受領委託を行った者が作成する受取書

　1の場合の委託者が受託者から回収売上代金を受領する場合に作成する受取書は、売上代金の受取書に該当します。

3　支払委託を受けた者が作成する受取書

　売上代金の支払について委託を受けた者が、委託者から支払資金を受領する場合に作成する受取書は、売上代金の受取書に該当します。

　なお、代理受領等の受取書に該当するものであっても、次に掲げる受取書については、売上代金以外の受取書として取り扱われます。

①　売上代金を預金口座振込の方法により支払う場合に、その受託者たる金融機関が作成する振込金の受取書

②　売上代金を信託会社にある支払先の信託勘定へ振り込むことを依頼された金融機関が作成する振込金の受取書

③　売上代金を為替取引により送金する場合に、金融機関が作成する送金資金の受取書

　以上のことから、ご質問の受取書は、1の受領委託を受けた者が作成する受取書に該当しますので、貴社において「預り金」として経理処理している場合であっても、記載金額300万円の第17号の1文書（売上代金に係る金銭の受取書）に該当し、印紙税額は600円となります。

3-92 茶道の先生の謝礼領収書

 当社では、社員の厚生活動の一環として外部から先生を招いて茶道教室を開いています。

先生には茶道教室終了後、5万円の謝礼を支払っていますが、その際、先生から受け取る領収書は、印紙税法上、どのように取り扱われますか。

領 収 書

○○商事株式会社　殿

　　金額　50,000円也
　　（ただし、茶道教授料）

上記の金額正に受け取りました。

　　　　　　　　　　年　月　日
　　　　　　　　　　○○○○　㊞

A　第17号文書として掲げられている金銭又は有価証券の受取書については、巻末の表1の第17号「主な非課税文書」欄に「記載された受取金額が5万円未満の受取書」、同欄2に「営業に関しない受取書」と記載されており、領収書に印紙を貼り付ける必要があるのは、受取金額が5万円以上であり、かつ、営業に関するものに限られることになります。

　ここでいう営業とは、営利を目的として同種の行為を反復継続して行うことをいい、具体的には、商法上の商人に該当する人の行為をいいます。

　ご質問の茶道の先生のほか、講演、原稿の執筆などを行ういわゆる自由職業者は、商法における商人とは認められないと解されています。

　したがって、茶道の先生、講演会の講師、執筆者が作成する謝礼、講演料、原稿料の領収書は、営業に関しない受取書となり、印紙税の課税対象とはなりません。

　なお、株式会社などの営利を目的とした会社の行為は全て営業に当たりますので、このような会社が作成する領収書には、受取金額が5万円未満（平成26年3月31日以前の作成分については3万円未満）の領収書以外は印紙を貼り付ける必要があります。

3-93 仮領収証

Q 当社では、営業担当者が得意先で売掛金を集金する際に、仮領収証を作成し、交付することがあります。
　この仮領収証は、営業担当者の印のみを押印しており、帰社後、入金処理をしたときに正式な領収証を作成し、得意先に郵送することとしています。
　一つの取引について、2枚の領収証を作成するわけですから、どちらか1枚に収入印紙を貼り付ければよいのでしょうか。

```
                仮 領 収 証

   △△株式会社　殿

     金額　1,800,000円　也
    （ただし、　　年　月分売掛金）

   上記の金額正に受け取りました。
   おって、本領収証を送付します。

                        年　月　日
                          ○○株式会社
                          担当者          ㊞
```

印紙税は、契約の成立や金銭の受領等の事実そのものを課税対象と
Ａ　するものではなく、これらの事実を証明する目的で作成される文書を
課税対象とするものです。

　したがって、一の受領事実について、複数の領収証を作成し、交付すれば、
その文書が受領事実を証明する目的で作成されたものである限り、いずれも第
17号文書（金銭又は有価証券の受取書）に該当します。

　ご質問の仮領収証は、後日、貴社が得意先に対して正式な領収証を郵送によ
り交付されれば無用となるものであっても、それまでの間は有効なものであり、
売上代金としての金銭の受領事実を証明するために作成したものにほかなりま
せんから、記載金額180万円の第17号の１文書（売上代金に係る金銭又は有価証
券の受取書）に該当し、印紙税額は400円となります。

　なお、この仮領収証には、営業担当者の印しかありませんが、営業担当者が
個人として受領し、仮領収証を作成交付するものではなく、貴社の従業員とし
て、業務遂行上、貴社の売上金となる金銭を受領し、これに対して仮領収証を
作成交付するものですから、貴社が作成者となり、印紙税の納税義務を負うこ
ととなります。

3-94 受領した前受金額を記載している領収証

 当社では、領収証を発行する際に、前受金を受領している場合には、その表示をして交付しています。
　前受金を受領したことを表示した場合であっても、総額が記載金額となるのでしょうか。
　なお、前受金を受領した場合には、別に領収証を発行しています。

領収証

△△株式会社　御中

　　　　　60,000円
（但し、商品代として　前受金20,000円は受領済み）
　　上記金額正に領収いたしました。

　　　　　　　　　　　　　　　　年　月　日
　　　　　　　　　　　　　　　　○○株式会社　㊞

商品の販売代金を受領した際に交付する領収証は、売上代金に係る
Ａ　金銭又は有価証券の受取書として、第17号の1文書として課税されま
すが、記載された受取金額が5万円未満（平成26年3月31日以前の作成分につい
ては3万円未満）のものについては、非課税とされています。

　ご質問の領収証のように、前受金を受領していて、その金額について領収証
を発行している場合に、その旨を記載したものについては前受金の金額は記載
金額に含めません。

　したがって、この領収証は、記載金額4万円の第17号の1文書となるため、
非課税文書となります。

　ただし、前受金を受領していた場合であっても、その分の領収証が発行され
ていない場合は、記載金額から除くことはできませんので注意する必要があり
ます。

第3章 印紙税の課否判定事例

3－95 仕切書

> Ｑ 当社（甲）では、商品販売時の売上管理、在庫管理等のために「POSシステム」を導入しており、現金販売時に、売場の端末（ポスレジ）から打ち出される次の仕切書をお客様に交付しています。
> この仕切書は、印紙税法上、どのように取り扱われますか。

仕切書			年月日： ． ．

伝票No.　005963			
会員No.　004411			

商　品	単　価	数　量	金　額
△　△　△　△	50,000	1	50,000
×　×　×　×	3,000	2	6,000
お買上額（税込）			61,600
うち消費税等			5,600
			甲　株式会社

309

印紙税法にいう「金銭又は有価証券の受取書」とは、金銭又は有価
　　Ａ　証券の引渡しを受けた者がその受領事実を証明するため作成し、その
引渡者に交付する単なる証拠証書をいいます。

　つまり、文書の表題が、受取書や領収書となっているものでなくても、文書
の記載文言や形態等からみて金銭等の受領事実を証明する目的で作成されると
認められるものは、第17号文書（金銭又は有価証券の受取書）に該当します。

　ご質問の場合、POSシステムの処理の目的は売上管理等ですが、同システム
の金銭登録機能を使用し、金銭の受領の都度、ポスレジから打ち出され、顧客
に交付されるものは、金銭の受領文言（ご入金、預り現金など）の記載はなく
ても、当事者間においてはレシート等と同じように受取書としての了解がある
ものとして認識されています。

　したがって、ご質問の仕切書は、第17号の１文書（売上代金に係る金銭の受取
書）に該当し、記載された受取金額が５万円以上（平成26年３月31日以前の作成
分については３万円以上）のものは、印紙税が課税されることになります。

　なお、消費税及び地方消費税の金額が具体的な金額で区分して記載されてい
る場合については、その消費税及び地方消費税の金額は、記載金額に含まれま
せん。

第3章 印紙税の課否判定事例

3-96 相殺による領収書

 当社（甲）は、乙社に対して有する売掛金と買掛金とを相殺した場合に、その相殺事実を証明するために次の領収書を乙社に交付しています。
　この領収書は、印紙税法上、どのように取り扱われますか。

　　　　　　　　　領　収　書

　乙　株式会社　御中

　　　　　　金　5,000,000円 也

　上記金額、領収いたしました。
　（　　年　月　日付貴社に対する買掛金と相殺）

　　　　　　　　　　　　年　月　日
　　　　　　　　　　　　甲　株式会社　㊞

A　ご質問のように、売掛金と買掛金とを相殺する場合に作成される領収書は、相殺による債権と債務の消滅を証明するもので、金銭等の受領事実を証明するものではありませんから、このように相殺による旨を明示しているものについては、第17号文書（金銭又は有価証券の受取書）に該当せず、印紙税は課税されません。

　しかし、たとえ相殺の事実を証明するため作成される領収書であっても、その事実が文書上明示されていないものについては、その領収書は金銭等の受領事実を証明しているものとみなされ、第17号文書に該当し、印紙税が課税されることになります。

　なお、領収書の領収金額に相殺に係る金額を含めて記載してあるもので、金銭等の受領金額と相殺に係る金額とが文書上明らかに区分されているものについては、金銭等の受領金額のみが記載金額として取り扱われることとなり、記載金額に応じた印紙税が課されます。

第3章 印紙税の課否判定事例

3-97 敷金の預り証

> **Q** 当社（甲）は、建物賃貸借契約の締結に当たって、賃借人（乙）から敷金を預かる際に預り証を作成し、賃借人に交付することとしています。
>
> この預り証は、印紙税法上、どのように取り扱われますか。

　　　　　　　　　　　　　　　　　　　　　　　　　　年　月　日

　乙　様

　　　　　　　　　　　　　預　り　証

　　　　　　　　　一金3,500,000円也
　　　　　　上記金額敷金として正にお預かりいたしました。

　　　　　　　　　　　　　　　　　　　　　株式会社　甲　㊞

A 敷金とは、一般に、主として建物賃貸借に際して賃借人から賃貸人に交付される金銭であり、賃貸借契約終了時における賃借人の未払賃料や債務不履行による損害金等を担保するものです。

　この敷金の預りは、相手方のために金銭を保管するものではありませんので、敷金の「預り証」は、第14号文書（金銭の寄託に関する契約書）ではなく、第17号の2文書（売上代金以外の金銭の受取書）に該当することになります（基通第14号文書3）。

　なお、建物賃貸借契約書を作成する場合に、契約書に敷金等の受領の旨が記載されている場合には、第17号文書（金銭の受取書）に該当する場合があります。

313

3−98 デビットカード取引（即時決済型）の際の 口座引落確認書と領収書

Q 当店では、即時決済型のデビットカード取引の際、①「口座引落確認書」に「領収済」のスタンプを押印していますが、この場合、第17号の1文書（売上代金に係る金銭の受取書）に該当しますか。

　また、顧客から、別途②「レシート」の交付を求められる場合がありますが、このレシートについても印紙税を納付する必要があるのでしょうか。

---

① 　　　　口座引落確認書

　　　　　　　　　　○○ゴルフ
　　年　月　日
　商品×××　　　　　55,000円
　（うち消費税等　　　5,000円）
　─────────────────
　合計　　　　　　　　55,000円
　次のとおり、引き落としいた
　しました。
　金融機関名：△△△銀行
　口座番号：×××××××
　引落金額　　　　　　55,000円

---

② 　　　　　レシート

　毎度ありがとうございます
　　　　　　　　　　○○ゴルフ
　　年　月　日
　商品×××　　　　　55,000円
　（うち消費税等　　　5,000円）
　─────────────────
　合計　　　　　　　　55,000円
　現金　　　　　　　　　　0円
　デビット取引　　　　55,000円
　お釣り　　　　　　　　　0円

第3章 印紙税の課否判定事例

A　即時決済型のデビットカード取引とは、顧客が商品等を購入する際、現金の支払に代えて、金融機関の発行したデビットカード（キャッシュカード）で、支払うことができる取引であり、即時決済（銀行が消費者の預金口座から瞬時に引落しを行い、加盟店の預金口座に振り込まれることが確定しているものをいいます。）を前提としています。

　ご質問の①「口座引落確認書」は、デビットカード取引の処理結果を端末機からアウトプットした文書で、カード発行銀行による利用代金の引落事実を顧客に通知する文書にすぎません。

　したがって、アウトプットした文書をそのまま何ら手を加えることなく顧客に交付するものであれば、第17号の1文書（売上代金に係る金銭又は有価証券の受取書）には該当せず、印紙税は課税されません。

　しかしながら、これに「領収」、「受領」、「領収しました」など金銭の受領を意味する文言を追加記載して顧客に交付するものは、もはや代金の引落事実を単に通知するためだけの文書とはいえず、デビットカード取引による利用代金の受領事実を証するためのものと認められますから、第17号の1文書として課税されます。

　次に顧客の求めに応じて別途交付する②「レシート」についてですが、ご質問のように領収済の押印をした口座引落確認書について印紙税を納付している場合であっても、別途交付する②「レシート」は第17号の1文書に該当しますので、印紙税額は200円となりますが課税されます。

3-99 請求書に受領印を押して領収書とした場合

Q 当社（甲）は、得意先に毎月、売掛金の支払の請求のため請求書を送付し、得意先から売掛金の入金時に、送付した請求書を提示してもらい、「相済」印を押印して得意先に返却しています。

この請求書は、印紙税法上、どのように取り扱われますか。

請　求　書　　　　　No.

_____ 様　　　　　　　　甲　株式会社

年　　月　　日

下記の通り御請求申上げます。

合計金額　￥4,320,000

月	日	品　　名	数量	単価	金額	摘要
		3/21〜3/31				
		鮮　　魚			3,240,000	
		青　　果			1,080,000	
					相済	
					×××1.4.25	
					甲 株式会社	

316

第3章 印紙税の課否判定事例

A　一般に、「請求書」とは、取引先に対して、売掛金等の支払を請求する場合に作成される文書であり、この意味においては、印紙税は課税されません。

ところで、文書の表題、形式がどのようなものであっても、また、「相済」、「完了」等の簡略な文言を用いたものであっても、作成目的が当事者間で金銭の受領事実を証するものは、第17号文書（金銭又は有価証券の受取書）に該当します。

ご質問の請求書については、請求書の発行時には、請求書として取引先に交付したものを、売掛金の入金時に、取引先からこの請求書の提示を受け、これに「相済」印を押印して、領収書の発行に代えていますから、売掛金の支払を請求する文書として使用しただけでなく、売上代金の受領事実をも証明したこととなります。

したがって、ご質問の請求書は、第17号の1文書（売上代金に係る金銭又は有価証券の受取書）に該当し、印紙税額は1,000円となります。

3-100　お支払完了の御礼

　当社（甲）は、得意先から最終の賦払金の入金をもって支払が終了したことを通知するために事例1「お支払完了の御礼」を得意先に送付します。
　また、商品の販売代金が口座振替により決済されたことを知らせるために事例2の礼状を購入者に送付します。
　これらの文書は、印紙税法上、どのように取り扱われますか。

（事例1）

お支払完了の御礼

　毎度△△クレジットをご利用いただき誠にありがとうございます。
　このたびのご入金をもちまして、お品代金の支払いが完了いたしましたので、ご通知申し上げます。今後共一層のお引立てを賜りますようお願い申し上げます。

契約番号	契約年月	最終お支払額	お支払完了
123	×××1年5月	50,000円	×××2年4月

株式会社　甲　㊞

（事例2）

　拝啓　毎々格別のお取立てに預かり有難く厚くお礼申し上げます。
　さて、先般ご請求申し上げましたお品代金はご指定いただきました銀行口座よりご決済いただき有難うございました。今後共一層のお引立てを賜りますようお願い申し上げます。

敬具

×××2年4月1日

株式会社　甲　㊞

第3章 印紙税の課否判定事例

　　　印紙税法では、文書の表題、形式がどのようなものであっても、そ
Ａ　　の作成目的が当事者間で売上代金に係る金銭又は有価証券の受領事実
を証するものであるときは、第17号の１文書（売上代金に係る金銭又は有価証
券の受取書）に該当するものとして取り扱われます。

　ところで、事例１の文書は、文書の記載内容から、貴社が商品代金の最終支
払額の受領事実を証する目的で作成するものと認められますから、第17号の１
文書に該当し、記載金額は最終支払額の５万円になり、印紙税額は200円とな
ります。

　また、事例２の文書は、礼状形式の文書ですが、商品の販売代金を口座振替
により受け取った貴社が、支払人に対して販売代金の受領事実を証する目的で
作成するものと認められますから、第17号の１文書に該当し、受領金額の記載
がなく、請求書等金額の記載がある文書を引用していませんから、記載金額は
ないものとなり、印紙税額は200円となります。

　なお、「○年○月○日　請求書№△△でご請求申し上げましたお品代金」と
いうように、請求金額の記載がある請求書を引用している場合は、その請求金
額が記載金額になりますから、その金額が５万円以上であれば、その金額に応
じて所要の印紙税を納付することになります。

319

3-101 電子記録債権の受領に関する受取書

Q 当社は、電子記録債権機関が提供している手形的利用を前提とした電子記録債権サービスの提供を受けており、売買取引等において売上代金を電子記録債権で受領した場合には、従来の手形取引と同様に、受取書を作成し、相手方に交付することとしています。

この受取書は、印紙税法上、どのように取り扱われますか。

受取書

年　月　日

○○株式会社　様

領収金額　　△△△△△△円也

上記金額を電子記録債権で受領いたしました。
ただし、商品代金として

住　所
氏　名

商品の販売代金を受領した際に交付する受取書は、売上代金に係る金銭又は有価証券の受取書として第17号の1文書に該当します。

印紙税法に規定する「有価証券」とは、財産的価値のある権利を表彰する「証券」であって、その権利の移転、行使が「証券」をもってなされることを要するものとされており、例えば、手形、小切手、郵便為替等がこれに該当し、電子記録債権は含まれていません。

したがって、ご質問の受取書は、第17号の1文書には該当せず、課税文書にはなりません。

ただし、売上代金を電子記録債権で受領する場合であっても、「上記金額を電子記録債権で受領いたしました。」など、受取書に電子記録債権を受領した旨の記載がないときは、第17号の1文書に該当することとなります。

3-102 領収書（コード決済に係るもの）

Q 当社は、家電を販売している小売業者ですが、この度、ＱＲコードを使用した決済サービスを導入することとしました。顧客に対して交付する領収書は、第17号の１文書（売上代金に係る金銭の受取書）に該当しますか。

（事例１）
「○○Pay」と表記するパターン

```
                   領収書
                           令和６年４月30日
   株式会社　甲　様


   金額　　　　　110,000円
   但し　炊飯器代金として


   上記金額正に受領しました。
   ○○Payにて


   内訳
   税率　　税抜金額　　100,000円
   10％　　消費税額　　 10,000円


        乙　株式会社　　㊞
        登録番号：T1234567890123
```

（事例２）
「コード決済」と表記するパターン

```
                   領収書
                           令和６年４月30日
   株式会社　甲　様


   金額　　　　　110,000円
   但し　炊飯器代金として


   上記金額正に受領しました。
   コード決済にて


   内訳
   税率　　税抜金額　　100,000円
   10％　　消費税額　　 10,000円


        乙　株式会社　　㊞
        登録番号：T1234567890123
```

（注）「QRコード」は株式会社デンソーウェーブの登録商標になります。

322

第3章 印紙税の課否判定事例

A 第17号の1文書は、金銭等の受領事実を証明する目的で作成されるものです。

このため、領収書の交付時に金銭等の受領事実が無い場合は、交付する文書の表題が「領収書」となっていても、第17号の1文書には該当しません。

なお、この場合であっても、金銭等の受領事実が無いことが文書上明らかで無い場合には、第17号の1文書に該当します。

ご質問の領収書の取扱いは次のようになります。

事例1で表記されている「○○Pay」については、加盟店契約等の内容を確認し、金銭等の受領事実がある場合（金銭等の受領事実が無いことが文書上明らかで無い場合）には第17号の1文書として取り扱われますが、金銭等の受領事実が無い場合には不課税文書となります。

事例2で表記されている「コード決済」については、コード決済という表記のみでは、金銭等の受領事実の有無が文書上明らかであるとは認められませんので、第17号の1文書に該当し、印紙税額は200円となります。

3−103　社内預金通帳

Q 当社では、労働基準法の規定に基づいて従業員から預金を受け入れ、その際に社内預金通帳を作成し、従業員に交付しています。この社内預金通帳は、印紙税法上、どのように取り扱われますか。

（表紙）

No.＿＿＿＿＿

社　内　預　金　通　帳

＿＿＿部　　　＿＿＿課

＿＿＿＿＿＿＿＿殿

〇〇株式会社

（次葉以下）

年月日	摘要	預入金額	払戻金額	認印	差引残高

第3章 印紙税の課否判定事例

A 印紙税法は、預貯金通帳を第18号文書として課税の対象としています。この「預貯金通帳」とは、法令の規定による預金業務を行う銀行その他の金融機関等が、預金者又は貯金者との間における継続的な預貯金の受払い等を連続的に付け込んで証明する目的で作成する通帳をいい、普通預金通帳、通知預金通帳、定期預金通帳及び総合口座通帳などがこれに該当します。

ところで、ご質問の通帳は、貴社が法令（労働基準法18④）の規定に基づき、預金業務を行うもので、かつ、預金者である従業員との間での継続的な預貯金の受払い等を連続的に付け込んで証明する目的で作成するものと認められますので、第18号文書に該当します。

また、第18号文書は、1年ごとの付込みに対して200円の印紙税が課税されますから、1年以上にわたって使用する場合には、最初の付込みから1年経過後に最初の付込みを行った時に、新たに文書が作成されたものとみなされ、改めて印紙税を納付する必要があり、また引き続き、第3年目、第4年目と付込み使用していく場合も同様に印紙税が課税されます。

325

3-104　売掛代金集金帳

> 　　　　衣料品の販売を行っている当社（甲）は、次の売掛代金集金帳を得意先（乙）に交付しておき、売掛金の回収の都度、領収印欄に当社の社員が押印することで領収書の代わりとしています。
>
> 　この集金帳は、印紙税法上、どのように取り扱われますか。

　　株式会社　乙　様

売　掛　代　金　集　金　帳

　　　　　　　　　　　　　　　　　　　株式会社　甲

年	月	日	領収金額	領収印	明細	摘要
×1	1	19	360,000	甲	セーター　40着	
×1	7	8	1,200,000	甲	スーツ　　60着	
×1	10	12	18,000	甲	ブラウス　2着	
×1	12	16	800,000	甲	セーター　80着	
×2	2	17	400,000	甲	セーター　40着	

　　　　印紙税法は、金銭又は有価証券の受取通帳を第19号文書として課税の対象としています。この「金銭又は有価証券の受取通帳」とは、一対一の当事者間で行われる取引で、法別表第一の課税物件表（巻末の【表1】参

照）の第1号（不動産等の譲渡、土地の賃貸借、消費貸借、運送に関する契約書）、第2号（請負に関する契約書）、第14号（金銭又は有価証券の寄託に関する契約書）、第17号文書（金銭又は有価証券の受取書）に掲げる文書により証されるべき事項を付け込んで証明する目的で作成する通帳で第18号文書の預貯金通帳に該当しないものをいいます。たとえ、1枚の紙片であっても、継続して金銭の受領事実を付け込んで証明するものは、通帳となります。

　また、第19号文書は、1年ごとの付込みに対して400円の印紙税が課税されますから、1年以上にわたって使用する場合には、最初の付込みから1年経過後に最初に付込みを行ったときに、新たに文書が作成されたものとみなされ、400円の印紙税が課税されます。

　ご質問の集金帳は、商品代金の受領事実を付け込む通帳ですから、第19号文書（金銭又は有価証券の受取通帳）に該当し、1年ごとの付込みに対して400円の印紙税が課税され、貴社が作成者として納税義務を負います。

　また、最初に付込みしたとき（x1年1月19日）に400円の印紙税が課され、翌年の応答日（x2年1月19日）以後最初の付込みのときであるx2年2月17日に改めて400円の印紙税が課税されます。

　更に、100万円を超える受取金額を付け込んだ場合には、新たに第17号の1文書（売上代金に係る金銭の受取書）を作成したこととなり、付込み金額に応じた印紙税が課税されます。ご質問の集金帳は、x1年7月8日に売掛代金として120万円の付込みがありますから、第17号の1文書を作成したことになるため、400円の印紙税が課税されます。

　ところで、第19号文書には非課税規定がありませんので、金銭又は有価証券の受取書を個別に作成した場合には非課税文書となる5万円未満又は営業に関しない金銭の受取事実を付け込んだものであっても、課税対象となります。

　ただし、私立学校、各種学校等が学生、生徒、児童又は幼児から授業料を徴収するために作成される授業料袋、月謝袋等又は学生証、身分証明書等で授業料納入の都度その事実を裏面等に連続して付込みするものは課税されないこととして取り扱われます。

3−105　判取帳

> **Q** 当社では、多数の仕入先に対し、商品の仕入代金を支払った際に、仕入先が商品代金を受領したことを証明するために、領収日及び領収金額等を記載した次の判取帳を仕入先に提示して領収印をもらっています。
>
> この判取帳は、印紙税法上、どのように取り扱われますか。

（表紙）

判　取　帳

○○　株式会社

(表紙うら)

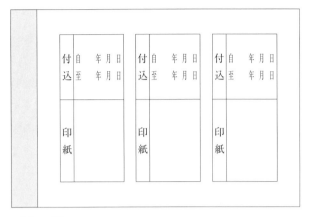

(次　葉)

年月日	住　所	氏　名	領収印	領収金額	摘要
x1.3.18	A市○○	㈱○○商店	印	110,000円	
x1.9.24	B市△△	△△商事㈱	印	298,000円	
x2.2.3	C町××	㈱××	印	1,200,000円	
x2.5.13	D市□□	□□太郎	印	95,200円	
x2.5.20	E町◎◎	㈱◎◎	印	584,900円	

　A　印紙税法は、判取帳を第20号文書として課税の対象としています。この「判取帳」とは、複数の相手方との間に生ずる継続的な財産上の取引関係について、取引の都度、相手方から法別表第一の課税物件表（巻末の表1参照）の第1号（不動産等の譲渡、土地の賃貸借、消費貸借、運送に関する契約書）、第2号（請負に関する契約書）、第14号（金銭又は有価証券の寄託に関する契約書）、第17号文書（金銭又は有価証券の受取書）に掲げる文書により証されるべき事項につき、付込証明を受ける目的で作成する帳簿をいいます。

また、第20号文書は、1年ごとの付込みに対して4,000円の印紙税が課税されますから、1年以上にわたって使用する場合に、最初の付込みから1年経過後に最初に付込みを行ったときに、新たに文書が作成されたものとみなされ、4,000円の印紙税が課税されることになります。

　ご質問の判取帳は、複数の相手方から取引の都度、金銭又は有価証券の受領事実の付込証明を受けるために作成して、自己の手元に保管しておく帳簿ですから、第20号文書（判取帳）に該当し、1年ごとの付込みに対して4,000円の印紙税が課税され、判取帳の作成者、つまり付込証明を受ける貴社が納税義務者となります。

　また、最初に付込みしたとき（×1年3月18日）に4,000円の印紙税が課され、翌年の応答日（×2年3月18日）以後最初の付込みのときである×2年5月13日に改めて4,000円の印紙税が課税されます。

　更に、100万円を超える受取金額を付け込んだ場合には、新たに第17号の1文書（売上代金に係る金銭の受取書）を作成したこととなり、付込み金額に応じた印紙税が課税されます。ご質問の判取帳の場合、×2年2月3日に売掛代金として120万円の付込みがありますから、第17号の1文書を作成したこととなるため、400円の印紙税が課税されます。

　ところで、第20号文書には非課税規定がありませんので、金銭又は有価証券の受取書を個別に作成した場合には非課税文書となる5万円未満又は営業に関しない金銭の受領事実を付け込んだものであっても、課税対象となります。

　ただし、事業主が従業員に対し給与等の支払をした場合に従業員の支給額を連記してこれに領収印を徴する給与一覧表及び団体生命保険契約に基づいて、団体の代表者が加入者各人に配当金を分配する際に領収印を徴する配当金支払明細書は課税されないこととして取り扱われます。

【表1】

印 紙 税 額 一 覧 表

(10万円以下又は10万円以上……10万円は含まれます。)
(10万円を超え又は10万円未満……10万円は含まれません。)

令和6年4月現在

番号	文書の種類（物件名）	印紙税額（1通又は1冊につき）	主な非課税文書
1	1 不動産、鉱業権、無体財産権、船舶若しくは航空機又は営業の譲渡に関する契約書 （注）無体財産権とは、特許権、実用新案権、商標権、意匠権、回路配置利用権、育成者権、商号及び著作権をいいます。 （例）不動産売買契約書、不動産交換契約書、不動産売渡証書など 2 地上権又は土地の賃借権の設定又は譲渡に関する契約書 （例）土地賃貸借契約書、土地賃料変更契約書など 3 消費貸借に関する契約書 （例）金銭借用証書、金銭消費貸借契約書など 4 運送に関する契約書 （注）運送に関する契約書には、傭船契約書を含み、乗車券、乗船券、航空券及び送り状は含まれません。 （例）運送契約書、貨物運送引受書など	記載された契約金額が 10万円以下のもの　　　　　　　200円 10万円を超え　50万円以下のもの 400円 50万円を超え　100万円以下　〃　1千円 100万円を超え　500万円以下　〃　2千円 500万円を超え1千万円以下　〃　1万円 1千万円を超え5千万円以下　〃　2万円 5千万円を超え　1億円以下　〃　6万円 1億円を超え　5億円以下　〃　10万円 5億円を超え　10億円以下　〃　20万円 10億円を超え　50億円以下　〃　40万円 50億円を超えるもの　　　　　60万円 契約金額の記載のないもの　　　200円	記載された契約金額が1万円未満（※）のもの ※　第1号文書と第3号から第17号文書とに該当する文書で第1号文書に所属が決定されるものは、記載された契約金額が1万円未満であっても非課税文書となりません。

331

	上記の1に該当する「不動産の譲渡に関する契約書」のうち、平成9年4月1日から令和9年3月31日までの間に作成されるものについては、契約書の作成年月日及び記載された契約金額に応じ、右欄のとおり印紙税額が軽減されています。 （注）契約金額の記載のないものの印紙税額は、本則どおり200円となります。	【平成26年4月1日～令和9年3月31日】 記載された契約金額が 　50万円以下のもの　　　　　　　　　　200円 　50万円を超え 100万円以下のもの 500円 　100万円を超え 500万円以下　〃　1千円 　500万円を超え1千万円以下　〃　5千円 　1千万円を超え5千万円以下　〃　1万円 　5千万円を超え　1億円以下　〃　3万円 　1億円を超え　5億円以下　〃　6万円 　5億円を超え　10億円以下　〃　16万円 　10億円を超え 50億円以下　〃　32万円 　50億円を超えるもの　　　　　48万円 【平成9年4月1日～平成26年3月31日】 記載された契約金額が 　1千万円を超え5千万円以下のもの 1万5千円 　5千万円を超え　1億円以下　〃　4万5千円 　1億円を超え　5億円以下　〃　8万円 　5億円を超え　10億円以下　〃　18万円 　10億円を超え 50億円以下　〃　36万円 　50億円を超えるもの　　　　　54万円	
2	請負に関する契約書 （注）請負には、職業野球の選手、映画（演劇）の俳優（監督・演出家・プロデューサー）、プロボクサー、プロレスラー、音楽家、舞踊家、テレビジョン放送の演技者（演出家、プロデューサー）が、その者としての役務の提供を約することを内容とする契約を含みます。 （例）工事請負契約書、工	記載された契約金額が 　100万円以下のもの　　　　　　　　200円 　100万円を超え 200万円以下のもの 400円 　200万円を超え 300万円以下　〃　1千円 　300万円を超え 500万円以下　〃　2千円 　500万円を超え1千万円以下　〃　1万円 　1千万円を超え5千万円以下　〃　2万円 　5千万円を超え　1億円以下　〃　6万円 　1億円を超え　5億円以下　〃　10万円 　5億円を超え　10億円以下　〃　20万円 　10億円を超え 50億円以下　〃　40万円 　50億円を超えるもの　　　　　60万円 契約金額の記載のないもの　　　200円	記載された契約金額が1万円未満（※）のもの ※　第2号文書と第3号から第17号文書とに該当する文書で第2号文書に所属が決定されるものは、記載された契約金額が1万円未満であっても非課税文書となりません。

332

	事注文請書、物品加工注文請書、広告契約書、映画俳優専属契約書、請負金額変更契約書など		
	上記の「請負に関する契約書」のうち、建設業法第2条第1項に規定する建設工事の請負に係る契約に基づき作成されるもので、平成9年4月1日から令和9年3月31日までの間に作成されるものについては、契約書の作成年月日及び記載された契約金額に応じ、右欄のとおり印紙税額が軽減されています。 （注）契約金額の記載のないものの印紙税額は、本則どおり200円となります。	【平成26年4月1日～令和9年3月31日】 記載された契約金額が 　200万円以下のもの　　　　　　　 200円 　200万円を超え 300万円以下のもの 500円 　300万円を超え 500万円以下 〃　 1千円 　500万円を超え1千万円以下 〃　 5千円 　1千万円を超え5千万円以下 〃　 1万円 　5千万円を超え　1億円以下 〃　 3万円 　1億円を超え　5億円以下 〃　 6万円 　5億円を超え　10億円以下 〃　16万円 　10億円を超え 50億円以下 〃　32万円 　50億円を超えるもの　　　　　　48万円 【平成9年4月1日～平成26年3月31日】 記載された契約金額が 　1千万円を超え5千万円以下のもの 1万5千円 　5千万円を超え　1億円以下 〃　 4万5千円 　1億円を超え　5億円以下 〃　　 8万円 　5億円を超え　10億円以下 〃　 18万円 　10億円を超え 50億円以下 〃　 36万円 　50億円を超えるもの　　　　　　 54万円	
3	約束手形、為替手形 （注） 1　手形金額の記載のない手形は非課税となりますが、金額を補充したときは、その補充をした人がその手形を作成したものとみなされ、納税義務者となります。 　　　2　振出人の署名の	記載された手形金額が 　10万円以上　　100万円以下のもの 200円 　100万円を超え 200万円以下 〃　 400円 　200万円を超え 300万円以下 〃　 600円 　300万円を超え 500万円以下 〃　 1千円 　500万円を超え1千万円以下 〃　 2千円 　1千万円を超え2千万円以下 〃　 4千円 　2千万円を超え3千万円以下 〃　 6千円 　3千万円を超え5千万円以下 〃　 1万円 　5千万円を超え　1億円以下 〃　 2万円 　1億円を超え　2億円以下 〃　 4万円	1　記載された手形金額が10万円未満のもの 2　手形金額の記載のないもの 3　手形の複本又は謄本

	ない白地手形（手形金額の記載のないものは除きます。）で、引受人やその他の手形当事者の署名のあるものは、引受人やその他の手形当事者がその手形を作成したことになります。	2億円を超え　3億円以下　〃　6万円 3億円を超え　5億円以下　〃　10万円 5億円を超え　10億円以下　〃　15万円 10億円を超えるもの　　　　　20万円	
	①一覧払のもの、②金融機関相互間のもの、③外国通貨で金額を表示したもの、④非居住者円表示のもの、⑤円建銀行引受手形	200円	
4	株券、出資証券若しくは社債券又は投資信託、貸付信託、特定目的信託若しくは受益証券発行信託の受益証券 （注）1　出資証券には、投資証券を含みます。 　　　2　社債券には、特別の法律により法人の発行する債券及び相互会社の社債券を含みます。	記載された券面金額が 500万円以下のもの　　　　　　　200円 500万円を超え　1千万円以下のもの　1千円 1千万円を超え　5千万円以下　〃　2千円 5千万円を超え　1億円以下　〃　1万円 　1億円を超えるもの　　　　　　　2万円 （注）株券、投資証券については、1株（1口）当たりの払込金額に株数（口数）を掛けた金額を券面金額とします。	1　日本銀行その他特定の法人の作成する出資証券 2　譲渡が禁止されている特定の受益証券 3　一定の要件を満たしている額面株式の株券の無効手続に伴い新たに作成する株券
5	合併契約書又は吸収分割契約書若しくは新設分割計画書 （注）1　会社法又は保険業法に規定する合併契約を証する文	4万円	

334

	書に限ります。 2　会社法に規定する吸収分割契約又は新設分割計画を証する文書に限ります。		
6	定　款 （注）株式会社、合名会社、合資会社、合同会社又は相互会社の設立のときに作成される定款の原本に限ります。	4万円	株式会社又は相互会社の定款のうち公証人法の規定により公証人の保存するもの以外のもの
7	継続的取引の基本となる契約書 （注）契約期間が3か月以内で、かつ更新の定めのないものは除きます。 （例）売買取引基本契約書、特約店契約書、代理店契約書、業務委託契約書、銀行取引約定書など	4千円	
8	預金証書、貯金証書	200円	信用金庫その他特定の金融機関の作成するもので記載された預入額が1万円未満のもの
9	倉荷証券、船荷証券、複合運送証券 （注）法定記載事項の一部を欠く証書で類似の効用があるものを含みます。	200円	

10	保険証券	200円	自動車損害賠償保障法に定める自動車損害賠償責任保険（自賠責）に関する保険証券
11	信 用 状	200円	
12	信託行為に関する契約書 （注）信託証書を含みます。	200円	
13	債務の保証に関する契約書 （注）主たる債務の契約書に併記するものは除きます。	200円	身元保証ニ関スル法律に定める身元保証に関する契約書
14	金銭又は有価証券の寄託に関する契約書	200円	
15	債権譲渡又は債務引受けに関する契約書	記載された契約金額が1万円以上のもの 200円 契約金額の記載のないもの 200円	記載された契約金額が1万円未満のもの
16	配当金領収証、配当金振込通知書	記載された配当金額が3千円以上のもの 200円 配当金額の記載のないもの 200円	記載された配当金額が3千円未満のもの
17	1　売上代金に係る金銭又は有価証券の受取書 （注）1　売上代金とは、資産を譲渡することによる対価、資産を使用させること（権利を設定することを含みます。）による対価及び役務を提供することによる対価をいい、手付けを含みます。	記載された受取金額が 　100万円以下のもの 200円 　100万円を超え 200万円以下のもの 400円 　200万円を超え 300万円以下　〃 600円 　300万円を超え 500万円以下　〃 1千円 　500万円を超え1千万円以下　〃 2千円 　1千万円を超え2千万円以下　〃 4千円 　2千万円を超え3千万円以下　〃 6千円 　3千万円を超え5千万円以下　〃 1万円 　5千万円を超え　1億円以下　〃 2万円 　1億円を超え　2億円以下　〃 4万円 　2億円を超え　3億円以下　〃 6万円 　3億円を超え　5億円以下　〃 10万円	次の受取書は非課税 1　記載された受取金額が<u>5万円未満（※）</u>のもの 2　営業に関しないもの 3　有価証券、預貯金証書など特定の文書に追記した受取書

	2　株券等の譲渡代金、保険料、公社債及び預貯金の利子などは売上代金から除かれます。 （例）商品販売代金の受取書、不動産の賃貸料の受取書、請負代金の受取書、広告料の受取書など	5億円を超え　10億円以下　〃　15万円 10億円を超えるもの　　　　　20万円 受取金額の記載のないもの　　　　200円	※　平成26年3月31日までに作成されたものについては、記載された受取金額が3万円未満のものが非課税とされていました。
	2　売上代金以外の金銭又は有価証券の受取書 （例）借入金の受取書、保険金の受取書、損害賠償金の受取書、補償金の受取書、返還金の受取書など	200円	
18	預金通帳、貯金通帳、信託通帳、掛金通帳、保険料通帳	1年ごとに　　　　　　　　200円	1　信用金庫など特定の金融機関の作成する預貯金通帳 2　所得税が非課税となる普通預金通帳など 3　納税準備預金通帳
19	消費貸借通帳、請負通帳、有価証券の預り通帳、金銭の受取通帳などの通帳 （注）18に該当する通帳を除きます。	1年ごとに　　　　　　　　400円	
20	判　取　帳	1年ごとに　　　　　　　4千円	

337

【参考】

不動産の譲渡、建設工事の請負に関する契約書に係る税率の特例

1 税率の特例制度の概要

　租税特別措置法第91条の規定により、平成9年4月1日から平成26年3月31日までの間に作成される次の①及び②の契約書の税率は、印紙税法に定める税率（本則税率）にかかわらず、下表の軽減税率によることとされています。

　なお、平成26年4月1日から令和9年3月31日までに作成される契約書については、軽減措置が拡充されました。

① 不動産の譲渡に関する契約書（第1号の1文書）

② 建設業法第2条第1項に規定する建設工事の請負に係る契約に基づき作成される請負に関する契約書（第2号文書）

Ⅰ　平成9年4月1日から平成26年3月31日までの間に作成される契約書の税率

契　約　金　額		本則税率	軽減後の税率	参考（軽減額）
1千万円超　5千万円以下		2万円	1万5千円	5千円（25%軽減）
5千万円超　1億円以下		6万円	4万5千円	1万5千円（25%軽減）
1億円超　5億円以下		10万円	8万円	2万円（20%軽減）
5億円超　10億円以下		20万円	18万円	2万円（10%軽減）
10億円超　50億円以下		40万円	36万円	4万円（10%軽減）
50億円超		60万円	54万円	6万円（10%軽減）

Ⅱ　平成26年4月1日から令和9年3月31日までの間に作成される契約書の税率

契　約　金　額		本則税率	軽減後の税率	参考（軽減額）
不動産譲渡契約書	建設工事請負契約書			
10万円超　50万円以下	100万円超　200万円以下	400円	200円	200円（50%軽減）
50万円超　100万円以下	200万円超　300万円以下	1千円	500円	500円（50%軽減）
100万円超　500万円以下	300万円超　500万円以下	2千円	1千円	1千円（50%軽減）
500万円超　1千万円以下		1万円	5千円	5千円（50%軽減）
1千万円超　5千万円以下		2万円	1万円	1万円（50%軽減）
5千万円超　1億円以下		6万円	3万円	3万円（50%軽減）
1億円超　5億円以下		10万円	6万円	4万円（40%軽減）
5億円超　10億円以下		20万円	16万円	4万円（20%軽減）
10億円超　50億円以下		40万円	32万円	8万円（20%軽減）
50億円超		60万円	48万円	12万円（20%軽減）

2 軽減税率の適用となる契約書の具体的な範囲

(1) 不動産の譲渡に関する契約書（第1号の1文書）

　土地や建物などの不動産の譲渡（売買、交換等）に関する契約書に限られます。

　したがって、第1号の1文書となるものであっても、鉱業権、無体財産権、船舶若しくは航空機又

は営業の譲渡に関する契約書は、軽減税率の適用はありません。

　また、同様に地上権又は土地の賃借権の譲渡等に関する契約書（第1号の2文書）、消費貸借に関する契約書（第1号の3文書）及び運送に関する契約書（第1号の4文書）も軽減税率の適用はありません。

> （例）　令和6年5月1日に作成した契約書で、
> 　　　　1　土地3,000万円、建物2,200万円〔うち消費税額等200万円〕、
> 　　　　合計5,200万円と記載した「土地建物売買契約書」
> 　　　　⇒　軽減税率の適用あり
> 　　　　　（記載金額5,000万円の第1号の1文書、印紙税額1万円）
> 　　　　2　定期借地（賃借）権3,000万円と記載した「定期借地権譲渡契約書」
> 　　　　⇒　軽減税率の適用なし
> 　　　　　（記載金額3,000万円の第1号の2文書、印紙税額2万円）

⑵　建設業法第2条第1項に規定する建設工事の請負に係る契約に基づき作成される請負に関する契約書（第2号文書）

　軽減措置の対象となる請負に関する契約書は、建設工事に係るものに限られますが、ここでいう「建設工事」は、具体的には土木建築に関する工事で、次のものをいいます。

> （建設工事の種類（建設業法第2条第1項、同法別表））
> 　土木一式工事、建築一式工事、大工工事、左官工事、とび・土工・コンクリート工事、石工事、屋根工事、電気工事、管工事、タイル・れんが・ブロック工事、鋼構造物工事、鉄筋工事、舗装工事、しゅんせつ工事、板金工事、ガラス工事、塗装工事、防水工事、内装仕上工事、機械器具設置工事、熱絶縁工事、電気通信工事、造園工事、さく井工事、建具工事、水道施設工事、消防施設工事、清掃施設工事、解体工事

　したがって、上記建設工事に該当しない工事や、建築物等の設計、建設機械の保守、船舶の建造、機器具の製造又は修理などの請負契約書は、軽減税率の適用はありません。

> （例）　令和6年5月1日に作成した契約書で、
> 　　　　1　請負金額5,500万円（うち消費税額等500万円）と記載した建物建築請負契約書
> 　　　　⇒　軽減税率の適用あり
> 　　　　　（記載金額5,000万円の第2号文書、印紙税額1万円）
> 　　　　2　請負金額5,500万円（うち消費税額等500万円）と記載したビル設計請負契約書
> 　　　　⇒　軽減税率の適用なし
> 　　　　　（記載金額5,000万円の第2号文書、印紙税額2万円）

⑶　同じ号に係る他の課税事項が併記された契約書

①　不動産の譲渡に関する契約書に、第1号文書に係る他の課税事項が併記されたもので、合計した契約金額が10万円を超えるものは、軽減税率が適用されます。

> （例）　令和6年5月1日に作成した契約書で、
> 　　　　建物880万円（うち消費税額等80万円）、定期借地（賃借）権500万円、
> 　　　　合計1,380万円と記載した「定期借地権付建物売買契約書」
> 　　　　⇒　軽減税率の適用あり
> 　　　　　（記載金額1,300万円の第1号の1文書、印紙税額1万円）

②　建設工事の請負に関する契約書、建設工事以外の請負に係る事項が併記されたもので、合計した契約金額が100万円を超えるものは、軽減税率が適用されます。

（例）　令和6年5月1日に作成した契約書で、

　　　建物設計請負金額220万円（うち消費税額等20万円）、建物建築請負金額990万円（うち消費税額等90万円）、合計1,210万円と記載した「建物設計及び建築請負契約書」

　　⇒　軽減税率の適用あり

　　　（記載金額1,100万円（消費税額等110万円は記載金額から除かれます。）の第2号文書、印紙税額1万円）

(4)　他の号に係る課税事項が併記された契約書

　「土地売買及び建物建築請負契約書」（第1号の1文書と第2号文書とに該当します。）のように、2以上の複数の号に該当する契約書は、いずれか一の号にその所属を決定することとなります。

　このような場合は、いずれか一つの号に所属を決定した後に、その契約書が軽減税率の適用となる契約書に該当するかどうかを判断することとなります。

（例）　令和6年5月1日に作成した契約書で、

　　　土地金額7,000万円、請負金額4,400万円（うち消費税額等400万円）

　　　合計1億1,400万円と記載した「土地売買及び建物建築請負契約書」

　　⇒　軽減税率の適用あり

　　　（記載金額7,000万円の第1号の1文書、印紙税額3万円）

3　軽減措置が適用されない契約書等

(1)　平成9年4月1日から平成26年3月31日までの間に作成される契約書のうち、記載された契約金額が1,000万円以下の不動産譲渡契約書及び建設工事請負契約書は、軽減措置の適用はありませんから、本則税率により課税されます。

　また、平成26年4月1日から令和9年3月31日までの間に作成される契約書のうち、記載された契約金額が10万円以下の不動産譲渡契約書及び記載された契約金額が100万円以下の建設工事請負契約書は、軽減措置の適用はありませんから、本則税率により課税されます。

(2)　不動産の譲渡又は建設工事の請負に係る契約に関して作成される文書であっても次のものは、軽減措置の適用はありません。

　①　不動産の譲渡代金又は建設工事代金の支払のために振り出す約束手形（第3号文書）

　②　不動産の譲渡代金又は建設工事代金を受領した際に作成する金銭又は有価証券の受取書（第17号の1文書）

【表2】

基通別表第二　重要な事項の一覧表

　基通第12条《契約書の意義》、第17条《契約の内容の変更の意義等》、第18条《契約の内容の補充の意義等》及び第38条《追記又は付け込みの範囲》の「重要な事項」とは、おおむね次に掲げる文書の区分に応じ、それぞれ次に掲げる事項（それぞれの事項と密接に関連する事項を含む。）をいいます。

1　第1号の1文書
　　第1号の2文書のうち、地上権又は土地の賃借権の譲渡に関する契約書
　　第15号文書のうち、債権譲渡に関する契約書

(1)　目的物の内容
(2)　目的物の引渡方法又は引渡期日
(3)　契約金額
(4)　取扱数量
(5)　単　　価
(6)　契約金額の支払方法又は支払期日
(7)　割戻金等の計算方法又は支払方法
(8)　契約期間
(9)　契約に付される停止条件又は解除条件
(10)　債務不履行の場合の損害賠償の方法

2　第1号の2文書のうち、地上権又は土地の賃借権の設定に関する契約書

(1)　目的物又は被担保債権の内容
(2)　目的物の引渡方法又は引渡期日
(3)　契約金額又は根抵当権における極度金額
(4)　権利の使用料
(5)　契約金額又は権利の使用料の支払方法又は支払期日
(6)　権利の設定日若しくは設定期間又は根抵当権における確定期日
(7)　契約に付される停止条件又は解除条件
(8)　債務不履行の場合の損害賠償の方法

3　第1号の3文書

(1)　目的物の内容
(2)　目的物の引渡方法又は引渡期日
(3)　契約金額（数量）
(4)　利率又は利息金額
(5)　契約金額（数量）又は利息金額の返還（支払）方法又は返還（支払）期日
(6)　契約期間
(7)　契約に付される停止条件又は解除条件
(8)　債務不履行の場合の損害賠償の方法

4　第1号の4文書
　　第2号文書

(1)　運送又は請負の内容（方法を含む。）
(2)　運送又は請負の期日又は期限
(3)　契約金額
(4)　取扱数量

341

(5) 単　　価
(6) 契約金額の支払方法又は支払期日
(7) 割戻金等の計算方法又は支払方法
(8) 契約期間
(9) 契約に付される停止条件又は解除条件
(10) 債務不履行の場合の損害賠償の方法

5　第7号文書

(1) 令第26条《継続的取引の基本となる契約書の範囲》各号に掲げる区分に応じ、当該各号に掲げる要件
(2) 契約期間（令第26条各号に該当する文書を引用して契約期間を延長するものに限るものとし、当該延長する期間が3か月以内であり、かつ、更新に関する定めのないものを除く。）

6　第12号文書

(1) 目的物の内容
(2) 目的物の運用の方法
(3) 収益の受益者又は処分方法
(4) 元本の受益者
(5) 報酬の金額
(6) 報酬の支払方法又は支払期日
(7) 信託期間
(8) 契約に付される停止条件又は解除条件
(9) 債務不履行の場合の損害賠償の方法

7　第13号文書

(1) 保証する債務の内容
(2) 保証の種類
(3) 保証期間
(4) 保証債務の履行方法
(5) 契約に付される停止条件又は解除条件

8　第14号文書

(1) 目的物の内容
(2) 目的物の数量（金額）
(3) 目的物の引渡方法又は引渡期日
(4) 契約金額
(5) 契約金額の支払方法又は支払期日
(6) 利率又は利息金額
(7) 寄託期間
(8) 契約に付される停止条件又は解除条件
(9) 債務不履行の場合の損害賠償の方法

9　第15号文書のうち、債務引受けに関する契約書

(1) 目的物の内容
(2) 目的物の数量（金額）
(3) 目的物の引受方法又は引受期日
(4) 契約に付される停止条件又は解除条件
(5) 債務不履行の場合の損害賠償の方法

●執筆者等一覧●

杉　村　勝　之

中　山　ち　え

針　田　雅　史

松　島　雅　浩

野　口　雄　平

令和6年7月改訂 Q&A 印紙税の実務

2024年7月19日　発行

編　者　　杉村 勝之

発行者　　新木 敏克

発行所　　公益財団法人 納税協会連合会
　　　　　〒540-0012 大阪市中央区谷町1−5−4　電話（編集部）06（6135）4062

発売所　　株式会社 清文社
　　　　　大阪市北区天神橋2丁目北2−6（大和南森町ビル）
　　　　　〒530-0041　電話 06（6135）4050　FAX 06（6135）4059
　　　　　東京都文京区小石川1丁目3−25（小石川大国ビル）
　　　　　〒112-0002　電話 03（4332）1375　FAX 03（4332）1376
　　　　　URL https://www.skattsei.co.jp/

印刷：㈱広済堂ネクスト

■著作権法により無断複写複製は禁止されています。落丁本・乱丁本はお取り替えします。
■本書の内容に関するお問い合わせは編集部までFAX（06-6135-4063）またはedit-w@skattsei.co.jpでお願いします。
＊本書の追録情報等は、発売所（清文社）のホームページ（https://www.skattsei.co.jp）をご覧ください。

ISBN978-4-433-70234-2

[令和6年版]

消費税の取扱いと申告の手引

大谷靖洋 編　★Web版サービス付き

消費税に関する最新の関係法令や通達等を体系的に編集し、設例による申告書の記載例と各種届出書等の記載要領を収録した実務手引書。

■B5判1,144頁/定価 5,500円(税込)

[令和6年版]

消費税実務問答集

杉村勝之 編

消費税の概要から申告・納付・経理処理まで、消費税の解釈や取扱いについての実務知識を問答形式で掲載。解説本文では、できる限りその根拠法令を明示するとともに、税務専門家はもちろん一般の方々にも理解できるよう、簡潔かつ平易な表現で必要に応じて計算例等を取り入れ工夫編集。

■A5判804頁/定価 3,960円(税込)

[令和6年版]

減価償却資産の耐用年数表

公益財団法人 納税協会連合会 編集部 編

「減価償却資産の耐用年数等に関する省令」の各別表(耐用年数表)を種類ごとに収録し、耐用年数通達、減価償却関係法令、特別償却に係る告示など減価償却に関する規定を網羅・収録したもっとも使いやすい耐用年数表。

■B5判312頁/定価 2,750円(税込)

[令和6年版]

問答式　源泉所得税の実務

柳沢守人 編

給与、利子、配当、報酬・料金等の源泉徴収の対象となるあらゆる所得を種類別に分類し、複雑な源泉徴収の取扱いを「問答式」でわかりやすく解説。日常の実務において直面する具体的な事例を取り上げ編集。

■A5判944頁/定価 4,620円(税込)